LA FRANCE SANS SES USINES

DES MÊMES AUTEURS

Pourquoi faut-il partager les revenus. Le seul antidote à l'appauvrissement collectif, Paris, La Découverte, 2010.

La Liquidité incontrôlable. Qui va maîtriser la monnaie internationale ?, Paris, Pearson Education, 2010.

Est-il trop tard pour sauver l'Amérique ?, Paris, La Découverte, 2009.

On comprend mieux le monde à travers l'économie, Pearson Education et Les Échos éditions, 2008.

Globalisation, le pire est à venir. Inégalités croissantes, gaspillage des ressources, spéculation financière, course absurde aux profits et implosion de l'Europe, Paris, La Découverte, 2008.

Comment nous avons ruiné nos enfants, Paris, La Découverte, 2008.

Le capitalisme est en train de s'autodétruire, Paris, La Découverte, 2007.

La France peut se ressaisir, Paris, Economica, 2004.

PATRICK ARTUS

Pourquoi l'Angleterre a perdu. La faillite d'un modèle économique et social, avec Alexis Garatti, Paris, Perrin, 2009.

Sorties de crise. Ce qu'on ne nous dit pas, ce qui nous attend, avec Olivier Pastré, Paris, Perrin, 2009.

Les Incendiaires. Les banques centrales dépassées par la globalisation, Paris, Perrin, 2007.

MARIE-PAULE VIRARD

La finance mène-t-elle le monde ?, Paris, Larousse, 2008.

Patrick Artus
Marie-Paule Virard

LA FRANCE SANS SES USINES

Fayard

Collection dirigée par Olivier Pastré et Anthony Rowley

Couverture : un chat au plafond.
Incinérateur © Hugues-Fotolia.com

ISBN : 978-2-213-66597-9

Introduction

En cette pâle journée de septembre 2011, un grand froid saisit brutalement les salariés de l'usine Arcelor-Mittal de Florange (Moselle) et les transperce jusqu'au cœur. Ils viennent d'apprendre que le groupe indien a décidé l'arrêt – à compter du 1er octobre et jusqu'à une date indéterminée – du deuxième haut-fourneau (P6) de Lorraine et de la totalité du train à chaud avec la mise au chômage partiel de l'ensemble des salariés. Après l'annonce du maintien à l'arrêt « au moins jusqu'à la fin de l'année » du premier haut-fourneau (P3) de l'usine mosellane, il s'agit d'un nouveau coup dur pour les salariés d'Arcelor-Mittal. C'est aussi une catastrophe pour les innombrables emplois indirects de l'intérim et des entreprises de sous-traitance, toutes filières confondues, qui voient leur avenir s'assombrir. Au total, plus de deux mille emplois sont en jeu. Bien sûr, cet arrêt est accompagné d'une promesse de redémarrage, mais difficile pour les Florangeois de ne pas faire le rapprochement entre le discours d'aujourd'hui et les promesses faites hier aux salariés de Gandrange quelques mois avant… la fermeture du site. À l'époque, un voyage de Nicolas Sarkozy en pays lorrain n'avait rien changé à l'issue. Le spectre de la fin de la filière sidérurgique en Lorraine est dans les têtes. Seul le projet Ulcos qui ferait de Florange un site pilote pour la capture et le stockage de CO_2 serait susceptible de préserver l'avenir. Mais élus et syndicalistes redoutent désormais que Bruxelles, qui doit prendre une décision en 2012, ne renonce à investir sur un outil fermé plusieurs mois par an et où les investissements de maintenance risquent de ne pas être correctement assurés.

Le destin de la sidérurgie lorraine et des « hommes du fer » est emblématique de celui de l'industrie française : un lent déclin que rien ne semble pouvoir stopper et qui au contraire s'accélère depuis le milieu des années 1990 avec l'érosion de sa compétitivité. Longwy, Uckange, Jœuf, Pompey, Neuves-Maisons, Gandrange… La liste est longue des villes martyrisées par l'agonie de la sidérurgie lorraine. En dix ans, la région a perdu plus de quarante-deux mille emplois industriels tandis que la tertiarisation de l'économie régionale remodelait le visage de la Lorraine avec son cortège d'emplois moins bien rémunérés, moins qualifiés quand ils ne sont pas précaires. Le chômage structurel s'enracine. L'exaspération sociale aussi qui s'exprime à l'occasion de chaque scrutin dans la montée du vote protestataire. Aux élections régionales de 2010, le candidat du Front national a engrangé plus de 20 % des suffrages en Lorraine. Aux cantonales de 2011, le parti de Marine Le Pen est resté présent au second tour dans 16 duels sur 24.

Si le destin des salariés d'Arcelor-Mittal nous touche particulièrement, c'est aussi que la sidérurgie fut longtemps l'un des grands symboles de la puissance industrielle et de la fierté nationales avant de devenir celui de l'horreur économique : emplois décimés, usines fermées, savoir-faire gaspillés, villes industrielles transformées en friches... Il éclaire une certaine angoisse collective : au train où va la désindustrialisation, que produirons-nous encore dans vingt ans ? La France s'est désindustrialisée plus vite que ses voisins européens, son commerce extérieur est sur la mauvaise pente. Des secteurs entiers ont disparu sous la pression de la concurrence internationale et la France se révèle incapable d'en faire émerger de nouveaux. Voilà pourquoi la question de la réindustrialisation s'installe dans le débat public à quelques mois d'une échéance électorale majeure.

Le réarmement industriel est redevenu tout à coup la grande bataille des élites dirigeantes tandis que le fond de l'air fleure bon les engrenages, la poussière et le cambouis. Si l'on en croit les déclarations quasi quotidiennes des experts, des chefs d'entreprise mais aussi des politiques de tous horizons, nous sommes tous aujourd'hui des « indignés » de la désindustrialisation ! Pas de jour sans une idée, sans une proposition nouvelle sur l'art et la manière de refaire de l'ambition industrielle une aventure[1]. Une espérance aussi. L'industrie est (re)devenue en quelques années l'objet de toutes les attentions. Dans de nombreux pays, on ne parle que réindustrialisation et on tente de mettre en place des politiques qui la favorisent. Aux États-Unis, le programme de Barack Obama inclut (ou incluait avant les difficultés budgétaires) le développement des infrastructures nécessaires à l'industrie (transports, énergie), des politiques incitatives pour soutenir les entreprises dans le domaine des énergies renouvelables. Au Royaume-Uni, la nouvelle politique du gouvernement conservateur vise à recréer un environnement favorable au retour de l'industrie, afin de compenser l'amaigrissement inéluctable de la finance, avec, en particulier, la réduction de la taille de l'État et des dépenses publiques afin de permettre la mise en place, comme en Irlande, d'une fiscalité compétitive et favorable à l'industrie (taxation faible des profits, baisse des charges sociales). En France, des structures permettant le financement de la recherche industrielle et des entreprises innovantes ont été mises en place, à commencer par le FSI (Fonds stratégique d'investissement) et le Commis-

1. « L'industrie est une aventure », c'est le titre d'un récent numéro de *Le Mook Autrement* où chefs d'entreprise, décideurs et experts racontent « leur » industrie et défendent l'idée qu'il n'est pas d'économie forte sans socle industriel solide, Autrement, 2011.

sariat général à l'investissement (CGI). L'Espagne, le Portugal, l'Irlande, tous les pays européens, quelle que soit leur histoire industrielle, sont aujourd'hui en compétition pour attirer de nouvelles implantations d'usines.

Il s'agit là d'une sorte de révolution, un changement radical de paradigme. Depuis la fin des années 1990, le consensus était quasi planétaire : l'industrie allait se localiser dans les pays émergents et les pays de l'OCDE se spécialiseraient dans les nouvelles technologies et les services. Une nouvelle division internationale du travail se dessinait, censée correspondre aux dotations de ces pays en facteurs de production : main-d'œuvre qualifiée et capital en nouvelles technologies dans les pays de l'OCDE, main-d'œuvre peu qualifiée dans les pays émergents ; sans oublier le niveau de vie élevé des pays de l'OCDE favorable au développement des services.

Mais on prend conscience aujourd'hui que ce modèle, où les pays de l'OCDE se spécialisent aux deux extrêmes du spectre de la valeur ajoutée (services domestiques et technologies de l'avenir), présente pour eux d'énormes inconvénients et n'est finalement pas tenable. Même aux États-Unis, berceau mondial des nouvelles technologies, ce secteur est en effet de trop petite taille (4 % des emplois) pour absorber les emplois détruits dans l'industrie manufacturière. Et, de l'autre côté de l'Atlantique comme ailleurs, on en voit les conséquences sur le niveau de vie des Américains : l'amaigrissement irrésistible de l'industrie provoque une baisse du niveau de qualification de la main-d'œuvre et de la sophistication des emplois, entraînant l'ensemble de l'économie et de la société dans une spirale infernale. Puisque la qualification des emplois baisse, les salaires moyens prennent le même chemin et, dans cet environnement de stagnation salariale, le crédit est utilisé pour soutenir la consommation. On sait maintenant précisément sur quoi débouche un tel engrenage : en 2008, l'excès d'endettement des ménages a déclenché la crise qui martyrise encore aujourd'hui les économies du monde entier. La déqualification des emplois est aussi étroitement liée au freinage des gains de productivité et, donc, à la réduction de la croissance de long terme. Un phénomène particulièrement frappant en France, en Espagne et en Italie lors de la première décennie du siècle avec une croissance potentielle (de long terme) très faible de 0,5 à 1,5 %.

Enfin, n'oublions pas que la désindustrialisation implique aussi un déficit extérieur commercial chronique, puisque le pays qui en souffre doit importer les produits industriels qu'il ne produit plus mais continue bien sûr à consommer. Or, qui dit déficit extérieur permanent dit également hausse continuelle de l'endettement extérieur, ce qui constitue une autre cause de la crise lorsque la dette extérieure devient insupportable.

Mais ce n'est pas tout. Au-delà de ses méfaits économiques et financiers, la désindustrialisation réchauffe en son sein bien d'autres désordres politiques et sociaux : faiblesse des salaires, multiplication des emplois peu qualifiés et des contrats précaires dans les services domestiques ; augmentation d'un chômage structurel, surtout dans les régions au passé industriel, qui touche en priorité des jeunes qui ne parviennent à accéder ni aux contrats de travail stables ni à des emplois qualifiés correspondant à leurs études. Autant de dégâts auxquels il convient d'ajouter la perte de rayonnement du pays. Il est symptomatique de voir, par exemple, à quel point le rayonnement de l'Allemagne en Europe centrale, en Russie, en Chine et ailleurs se nourrit de sa puissance industrielle quand celui de la France s'étiole lentement au plan international. Il n'y a donc plus beaucoup de résistance aujourd'hui à l'idée que les pays de l'OCDE doivent lutter pour conserver leur industrie ou la redynamiser si celle-ci s'est affaiblie. Toutefois, entre affirmer haut et fort la nécessité d'une réindustrialisation et réussir à relever le défi, il existe une sérieuse différence.

Préalable à toute réflexion stratégique : il faut être sûr de bien comprendre les causes de cette saignée industrielle. C'est la raison pour laquelle nous avons voulu, dans cet ouvrage, regarder de près la situation française. Une situation tout à fait particulière, puisque la France – contrairement peut-être à d'autres pays de la zone euro – n'a *a priori* aucune raison de se désindustrialiser massivement. Elle présente un environnement normalement favorable au développement de l'industrie : une main-d'œuvre qualifiée, des infrastructures développées, une énergie peu chère…

Les causes de la désindustrialisation sont multiples. Elles peuvent être macroéconomiques (coûts salariaux trop élevés, surévaluation durable du taux de change, fiscalité défavorable à l'emploi...). Elles sont souvent aussi institutionnelles : freins au développement des PME (lourdeurs administratives, fiscalité décourageante pour les entrepreneurs, absorption systématique des PME dynamiques par les grands groupes), pauvreté des relations entre la recherche publique et les entreprises ou encore difficultés de financement des entreprises en croissance (frilosité des acteurs, réglementation des banques et des compagnies d'assurances...). Dans le cas de la France, nous verrons que le cocktail est des plus complexes et fait aussi la part belle à de nombreux blocages comportementaux et culturels. De quoi compliquer singulièrement la tâche des tenants d'une nouvelle ambition industrielle !

Il faut commencer par rejeter clairement les faux remèdes démagogiques : la « démondialisation » n'a aucun sens dès lors que la spécialisation internationale consiste à « découper » les processus de production : les biens importés depuis les pays émergents ne sont plus fabriqués dans les pays de l'OCDE, car ils correspondent à la partie « externalisée » de ces processus. Et il est impossible de stopper ces importations aux frontières sans désorganiser la production.

Surtout, ces pays devront enfin avoir le courage de renoncer à des principes qui semblèrent longtemps indiscutables au point de faire l'objet d'un consensus général jamais remis en question : en France, clairement, la confusion entre la montée en gamme et le développement de niches très pointues (TGV, Airbus, nucléaire...) qui ne suffisent absolument pas à sauver l'ensemble de l'industrie quand le bon modèle (visible en Allemagne et dans les pays nordiques) est celui d'une montée en gamme globale pour l'ensemble des produits, tirée par un tissu de PME dynamiques. Bref, tout le contraire du bon vieux modèle des niches technologiques.

Enfin, il nous faut engager la réflexion sur l'arbitrage entre les politiques de soutien du consommateur (concurrence, baisse des marges bénéficiaires des entreprises), vieil atavisme du « modèle français », et – dans une vision dynamique et de long terme – les politiques de soutien aux producteurs (il faut des profits suffisants pour réaliser les investissements du futur). Sans oublier au passage la dimension citoyenne : dans le passé, aucun développement industriel (chimie, TGV...) n'aurait été réalisé sous la dictature du principe de précaution. Peut-on imaginer oser sinon renoncer à ce principe du moins limiter l'extension continue du domaine de la précaution afin de favoriser la croissance économique du pays sans sacrifier la sécurité de ses citoyens ?

Malgré les discours et les premières initiatives favorables à la réindustrialisation, pour un pays comme la France il est déjà minuit moins cinq. Il nous faut d'urgence revoir nos priorités et réinventer un modèle de croissance équilibré, dynamique et durable pour les générations futures. Il s'agit ni plus ni moins pour la génération actuellement au pouvoir (et qui aspire à y rester en 2012) de faire le deuil d'un modèle en forme de rêve postindustriel où tout n'aurait été qu'ordre et beauté, luxe, calme et volupté. Un mauvais rêve en définitive puisqu'il ne nous permet pas d'espérer garantir à nos enfants les conditions d'un bien-être individuel et collectif.

Chapitre 1

Désindustrialisation à la française, le mal court

Verreries d'Arques, brasseries Heineken de Schiltigheim, saline royale d'Arc-et-Senans, usines Airbus de Toulouse, Chantiers de l'Atlantique à Saint-Nazaire ou encore site Michelin de Cataroux près de Clermont-Ferrand… Cet été, les Français n'ont jamais été aussi nombreux à visiter les hauts lieux de leur patrimoine industriel. Au moment où le pays se désole de la disparition de ses usines, la multiplication de ces « virées » nostalgiques prend des allures d'embaumement. Une manière de faire son deuil du « *made in France* » en embrassant une dernière fois des yeux le bassin d'armement des Chantiers ou les fameuses pistes où Michelin teste depuis 1889 la plupart de ses innovations technologiques. Comme si, entre deux actions de solidarité avec des ouvriers anéantis de voir leur usine mettre la clé sous la porte, les Français se préparaient à regarder leurs industries partir les unes après les autres et à transformer les usines en autant de lieux de mémoire, faute d'avoir réussi à les préserver comme lieux de vie.

Telle est bien la réalité. La première décennie du XXIe siècle a été marquée en France par une nouvelle vague de désindustrialisation. Les chiffres sont écrits noir sur blanc dans le rapport intermédiaire des États généraux de l'industrie remis au ministre chargé de l'Industrie, le 5 janvier 2010. L'industrie française a perdu plus de cinq cent mille emplois industriels en dix ans, et même sept cent mille si l'on en croit le chiffrage de certains experts, tandis que la part de l'industrie dans le PIB fondait de 24 % à 14 %. La France n'a pas connu de phénomène comparable depuis les années 1978-1985, période tristement illustrée par les grandes catastrophes industrielles de Creusot-Loire ou de Manufrance. On pourra toujours discuter à l'infini de l'importance d'une telle désindustrialisation. On pourra toujours rappeler que la notion d'industrie ne recouvre plus la même réalité qu'il y a vingt ans et n'a plus grand-chose à voir avec la nomenclature de l'Insee élaborée dans les années 1950. Il faut en effet tenir compte de l'externalisation d'un certain nombre de fonctions autrefois assurées par les entreprises industrielles comme l'entretien, la cantine, la comptabilité, l'informatique, les tâches juridiques ou la communication. Autant d'activités dont l'emploi comme la valeur ajoutée sont aujourd'hui comptabilisés dans les services. Sans parler de l'intérim qui peut, selon les années, faire « bouger » de 5 % à 10 % le volume de l'emploi industriel alors qu'il relève lui aussi de la rubrique « Services ».

Pour autant, dès lors que l'on compare l'évolution française avec celle de nos voisins européens, qui ont connu et connaissent les mêmes mutations, le constat relève de l'évidence : l'industrie française décroche, quel que soit le critère retenu, notamment face à la prestigieuse industrie allemande ou à celle d'Europe du Nord. De quoi légitimement s'inquiéter, n'en déplaise à ceux qui pensent que la désindustrialisation n'est qu'un fantasme d'archéo-industrialistes en délicatesse avec la postmodernité ! La disparition de telle ou telle usine est une souffrance à la fois quotidienne et prolongée dans certains bassins d'emploi et dans certaines familles. Il suffit pour s'en convaincre d'aller à la rencontre de tous les « ex » des grands bassins industriels – les « Conti » de Clairoix, les « Renault » de Sandouville, les « Molex » de Villemur-sur-Tarn – pour constater que la destruction d'un tissu industriel local ne trouve pas facilement de substitut en matière d'emploi et que ses effets délétères affectent le tissu social. L'industrie reste en effet, quoi qu'on en dise, une activité structurante qui ne se résume pas à une batterie de statistiques. Elle tire l'innovation, nourrit le commerce extérieur et le développement du secteur des services aux entreprises. Même si un composant électronique incorpore 95 % d'activité immatérielle, il n'y a pas de développement autonome des services sur fond de désindustrialisation intégrale. Voilà pourquoi le débat sur la désindustrialisation française ne relève pas du discours de circonstance, mais constitue bel et bien un enjeu majeur pour la croissance du pays, le niveau de vie et l'avenir de nos enfants.

Le diagnostic révèle une pathologie grave. L'industrie manufacturière française a commencé à détruire des emplois dès le premier choc pétrolier de 1973 et perdu depuis plus de 40 % de ses effectifs pour glisser, pour la première fois dans l'histoire contemporaine du pays, sous la barre des 3 millions en 2008. Dans le même temps, la part de la production intérieure brute, autrement dit de la richesse créée dans notre pays par l'industrie, passait d'un quart à un sixième (16 %). C'est ainsi que la société dite postindustrielle s'est installée subrepticement dans nos vies. Sans crier gare.

Le mouvement répond à une certaine logique. Dans un monde « global », la prise en compte des avantages comparatifs incite les entreprises à localiser certaines de leurs activités hors des frontières. Confrontés à une croissance mollassonne et à des coûts de production élevés, les dirigeants des grands groupes occidentaux anticipent en effet un écart grandissant entre la croissance future des pays de l'OCDE et celle des pays émergents ; ils en tirent les conséquences. Qu'il s'agisse de Renault, Total, L'Oréal ou LVMH, chaque jour qui passe les voit délaisser un peu plus la vieille Europe pour des eldorados plus prometteurs. Il s'agit d'accéder aux marchés les plus dynamiques, notamment dans les économies émergentes, à moins que ce ne soit à des coûts de production plus faibles ou – dans le cas d'Airbus par exemple – de limiter les risques associés à la variation des taux de change. Et, le plus souvent, les trois à la fois. Sur la planète, les occasions se déclinent à l'infini. Ricardo aurait adoré la mondialisation !

La crise a encore pressé le mouvement en portant le dernier coup aux entreprises les plus fragiles. En France comme en Europe, les vieilles usines, insuffisamment compétitives et arrêtées à titre provisoire quand la production a brutalement décroché, n'ont pas redémarré et ne redémarreront probablement jamais, parce que leur modernisation coûterait trop cher et que les marchés porteurs prospèrent désormais à des milliers de kilomètres ; 269 000 emplois industriels ont ainsi été détruits entre début 2008 et fin 2009, soit près de 8 % des effectifs. Et encore, ce chiffre n'intègre pas l'intérim dont l'industrie est pourtant le premier employeur… Conséquence d'un effondrement de la production sans précédent depuis 1945.

Il suffit de porter le regard jusque de l'autre côté du Rhin pour constater qu'il n'y a pas, toutefois, contrairement à ce que l'on aimerait croire, de fatalité des pays industrialisés. Même parmi les pays « riches », certains se sont en effet désindustrialisés[1] – les États-Unis, la France, l'Espagne – mais d'autres – l'Allemagne,

1. Nous utiliserons toujours le terme au sens large : ceux qui se sont spécialisés dans les services non exportables.

le Japon ou la Suède – ont su préserver leur trésor industriel en sanctuarisant les chaînons sensibles de la production et en organisant une protection efficace de leurs « process » critiques et de la qualité de leurs produits. Pour preuve, des paysages sensiblement différents d'un pays à l'autre. Le secteur manufacturier représente en Allemagne 30 % de la valeur ajoutée, le double de la France rappelons-le (où l'industrie pèse 14 % de la valeur ajoutée totale ou 16 % de la valeur ajoutée marchande), et plus de 22 % en moyenne dans les pays de la zone euro[1]. En outre, depuis 2000, la valeur ajoutée de l'industrie française maigrit plus vite que celle des autres pays de la zone euro (à l'exception de l'industrie italienne, elle aussi en perte de vitesse) ou de l'économie française dans son ensemble : 6 points de PIB abandonnés en une décennie contre 3 pour l'ensemble de la zone euro. La France s'est laissée glisser au niveau du Royaume-Uni où l'industrie pèse également 16 % de la valeur ajoutée marchande, un pays que l'on considère couramment comme « sans industrie » !

L'ampleur du recul de l'emploi industriel dans la population active va évidemment de pair avec la part de l'industrie dans la valeur ajoutée. Il est donc logiquement plus violent en France que dans la plupart des pays européens. En dix ans, de 1999 à 2009, sa

1. 17,7 % aux Pays-Bas, 20,8 % en Belgique, 23,1 % en Italie, 26 % en Suède, 28,4 % en Finlande selon Eurostat (Comptes nationaux, chiffres 2008).

part dans l'emploi total a baissé de près de 20 % en France quand la saignée était limitée à 14 % en Allemagne, 12 % en Italie et 14 % en moyenne dans l'Union européenne.

Tous les secteurs, pratiquement sans exception, sont touchés. À commencer par l'emblématique construction automobile frappée par le syndrome de ce que Carlos Ghosn, le P-DG de Renault, appelle pudiquement la « multilocalisation ». Concrètement, la production hexagonale de voitures a presque diminué de moitié entre 2005 et 2009 tandis que les constructeurs français réalisent désormais l'essentiel de leur développement hors de l'Hexagone. En juin 2011, la publication d'une note interne de la direction de PSA datant de l'été 2010 et évoquant la fermeture à l'horizon 2014 de l'usine d'Aulnay-sous-Bois dont la production ne cesse de baisser[1] a remis une fois de plus sur le tapis la question de la délocalisation des chaînes de production des constructeurs français.

Le fait est que la production automobile française ne cesse de décliner depuis des années déjà.

Entre 1997 et 2009, les deux grands constructeurs français ont réduit leur production domestique d'un tiers, alors que, sur le marché français, les immatriculations augmentaient dans les mêmes proportions tout comme la production mondiale sur la période. En

1. En 2004, l'usine produisait encore 418 000 véhicules, un chiffre tombé à 195 500 en 2010.

2010, la part des voitures particulières fabriquées en France par Renault est passée sous la barre des 20 %, pour la première fois dans l'histoire du constructeur. Une délocalisation de la marque au losange qui s'explique à la fois par une internationalisation précoce et par la structure de ses gammes. Renault concentre en effet de plus en plus sa production sur l'entrée de gamme. Les Logan, Sandero, Duster, Twingo, Clio II et autres Thalia (pour les pays émergents) représentent désormais près de 40 % de ses ventes dans le monde. Et, pour tous ces modèles, le facteur prix est évidemment primordial.

Mais le groupe français ne fabrique pas seulement ses véhicules bas de gamme hors de nos frontières. Une partie des Clio III arrive désormais de Turquie, notamment la version Break réservée quasi exclusivement aux conducteurs de l'Europe de l'Ouest. La Mégane est assemblée en Espagne. Le 4 × 4 Koleos et le haut de gamme Latitude sont produits en Corée. De même, le constructeur qui ne fabrique déjà plus que 29 % de ses moteurs dans l'Hexagone (contre 85 % pour PSA) produira dès l'année prochaine ou au plus tard en 2013 un de ses petits moteurs à essence basse consommation de nouvelle génération sur le site de l'usine roumaine de Pitesti (Dacia) et un autre dans l'usine espagnole de Valladolid. Un coup dur pour la Française de mécanique de Douvrin (Pas-de-Calais), détenue à parité par Renault et PSA, qui fabrique la gamme actuelle destinée aux petites Renault. Chaque délocalisation déchire évidemment un peu plus le tissu des fournisseurs qui représentent quelque 40 % de la sous-traitance industrielle dans l'Hexagone. Pour nombre d'entre eux, les Molex, New Fabris, Wagon Automotive et autres Bosal, la dernière crise aura été le choc de trop. Et ce ne sont pas les quelques plans de recrutement de 2010-2011 qui inverseront la tendance.

Les destructions d'emplois dans la construction automobile (-16 % entre 2000 et 2008 suivis d'une véritable saignée en 2009) ont accaparé l'attention, mais la décennie fut encore plus meurtrière pour les biens intermédiaires. Autrement dit pour tous les produits utilisés dans la production d'autres branches industrielles, à commencer par l'automobile et la construction : métallurgie, verre, caoutchouc, plastique et autres produits chimiques ont vu leurs effectifs fondre de 23 % entre 2000 et 2008 tandis que les intérêts français perdaient successivement la main sur plusieurs poids lourds du secteur, Pechiney, Arcelor, puis plus récemment Rhodia. Une série qui ne sera pas sans conséquences sociales mais aussi industrielles et technologiques. En se résignant à devenir un acteur de second rang dans l'aluminium, l'acier ou la chimie, la France prend le risque de se priver de quelques briques de base précieuses. L'expérience prouve en effet que bon nombre d'innovations naissent des liens forts qui se tissent entre fournisseurs et donneurs d'ordres. Au moment où on ne parle que de réindustrialisation, les biens intermédiaires sont en train de devenir le chaînon manquant de l'industrie française.

Les biens d'équipement (-8 %), l'énergie (-8 %) et l'agroalimentaire (-3 %) résistent mieux mais leurs positions s'effritent tout de même. D'ailleurs, les secteurs (et même les sous-secteurs) qui ont été créateurs nets d'emplois sur la première décennie du siècle[1] brillent désormais par leur absence ou plutôt se résument à... un seul si l'on retient la nomenclature Insee (17 sous-secteurs), celui de la « pharmacie, parfumerie et entretien ». Avec une augmentation de l'emploi de 1 % !

Les saucisses de Francfort s'exportent mieux que le vin de Bordeaux

La fragilisation de l'industrie française trouve logiquement sa traduction dans les comptes du commerce extérieur avec une balance commerciale qui se dégrade à grande vitesse. Après une année 2010 catastrophique (et un déficit commercial de 51,4 milliards d'euros), quand l'excédent commercial allemand progressait, lui, de plus de 11 % à 154,3 milliards d'euros, 2011 devrait être une nouvelle année terrible pour le commerce extérieur français. En avril, la sonde est descen-

1. En fait, de 2000 à 2008 si l'on s'en tient aux chiffres les plus récents publiés par l'Insee.

due dans les grandes profondeurs, pour la première fois au-dessous des -7 milliards d'euros. 7 milliards, c'est davantage en un seul mois que le déficit de l'ensemble de l'année 2004. En mai, la descente a continué (-7,42 milliards), portant le déficit sur les six premiers mois de l'année à 37,5 milliards d'euros. Du jamais vu. À ce rythme, le commerce extérieur français devrait largement « casser » son précédent record de 2008 (-56 milliards d'euros). Au milieu de septembre, Pierre Lellouche, le secrétaire d'État au Commerce extérieur, l'annonçait « officiellement » autour de 75 milliards d'euros ! Bien sûr, il y a toujours une ou deux explications conjoncturelles à des chiffres si calamiteux. À commencer par le renchérissement du prix de l'énergie qui explique une bonne moitié de la dégradation observée sur un an. Mais, fondamentalement, le problème vient bel et bien des produits industriels. Il y a encore dix ans, la France pouvait compter sur l'automobile, le matériel électronique et informatique, les produits manufacturés divers pour dégager un excédent de 10 milliards d'euros par an. Un surplus qui a disparu pour laisser la place à un déficit structurel de l'ordre de 50 milliards.

Pourtant, l'industrie tricolore n'a pas toujours engrangé de si mauvais résultats à l'export. La balance commerciale des biens de consommation a été excédentaire jusqu'en 1976, celle des biens intermédiaires jusqu'au tournant du siècle. En revanche, ces deux catégories n'ont plus jamais renoué avec le vert depuis lors… Sur la période 2000-2004, la balance de l'industrie manufacturière française dans son ensemble s'est encore maintenue légèrement au dessus du niveau de la mer grâce à la bonne performance des industries agroalimentaires, notamment des céréales et des boissons, et des biens d'équipement (avions). Mais depuis lors la perte de compétitivité industrielle n'épargne même plus nos modestes forteresses.

En 2010, l'excédent agroalimentaire français, deuxième excédent après celui de l'aéronautique (+18 milliards d'euros), a heureusement affiché +7,8 milliards d'euros au compteur, après le trou d'air de 2009 (+5,2 milliards « seulement »). Grâce notamment aux ventes de céréales soutenues par la pénurie mondiale de blé et aux vins, champagne et autres cognacs particulièrement dynamiques. Toutefois, là encore, les niveaux d'excédent atteints à la fin des années 1990 (près de 10 milliards d'euros annuels) n'ont jamais été retrouvés. Même dans ce secteur, pilier historique des échanges tricolores, la part de la France recule. Elle est passée de 8 % en 1997 à moins de 6 % en 2009, essentiellement en raison de l'effritement des positions françaises au sein de l'Union européenne face à la concurrence allemande et hollandaise : si les éleveurs de porcs de Maine-et-Loire, de Bretagne ou de Vendée exportent vers l'Allemagne, ce sont les industriels allemands de la filière qui, en réexportant vers le marché français saucisses et autres jambonneaux, empochent l'essentiel de la valeur ajoutée ! En 2010, pour la première fois, l'excédent commercial allemand dans le secteur agroalimentaire a dépassé celui de la France. Les saucisses de Francfort, celles fabriquées avec des porcs français y comprises, s'exportent désormais mieux que le vin de Bordeaux ! Encore deuxième exportateur mondial d'agroalimentaire en 1997 derrière les États-Unis, l'Hexagone est désormais devancé par les Pays-Bas et par l'Allemagne. Il défend encore – mais pour combien de temps ? – ses positions grâce aux produits du terroir (vins, fromages) qui affichaient 9,1 milliards d'euros d'excédent en 2010 tandis que le solde des échanges des produits de première et surtout de deuxième transformation (préparations à base de fruits et légumes et à base de viande et de poisson) se dégrade irrésistiblement.

Désormais déficitaire dans l'automobile (7 milliards d'euros en 2010), défiée dans l'agroalimentaire, l'industrie française est bousculée aussi sur ses « niches » historiques : nucléaire, trains rapides, avions sont de plus en plus produits en zone dollar ou dans les pays émergents qui exigent, pour prix de leurs mirifiques commandes, des transferts de technologie de plus en plus importants. Résultat : il y a clairement déclin de la France pour la production des biens les plus avancés et décrochage de l'industrie française dans ce qu'elle considérait il n'y a pas si longtemps encore comme son pré carré. En 2010, on aura quand même vu successivement un groupe public coréen damer le pion à

Areva dans la construction de centrales nucléaires, l'Allemand Siemens inaugurer en Chine le train à grande vitesse le plus long et le plus rapide du monde et le Rafale rester symboliquement dans les hangars de Dassault en dépit des efforts désespérés du président de la République française et des promesses d'un ancien président brésilien ! Sans parler d'EADS et de sa filiale Astrium qui se sont fait souffler le contrat des premiers satellites du projet Galiléo de l'Agence spatiale européenne par OHB, une PME allemande ultra-dynamique qui ne fait pas tous les jours la une des médias mais qui a déjà failli racheter trois sites de production allemands d'Airbus !

Encore excédentaire en 2002 (+3,5 milliards d'euros), la balance commerciale de l'industrie française s'est installée dans le rouge à partir de 2005 et le déficit a pris l'ascenseur avec la crise, passant de -5,8 milliards d'euros en 2004 à plus de 51 milliards en 2010. Des chiffres à comparer, encore et toujours, avec ceux du champion allemand. Depuis dix ans, l'excédent commercial de notre premier partenaire est solidement installé au dessus des 100 milliards d'euros, et même des 150 milliards depuis 2004 (à l'exception de 2009 où il est redescendu à 139 milliards). Sur les seuls échanges de produits manufacturés (c'est-à-dire en excluant l'industrie agroalimentaire), la comparaison vire au tragique pour les couleurs françaises : alors que le solde de l'Allemagne ne cesse de s'améliorer depuis 2000, celui de la France dérape irrésistiblement. En

1995, le solde des échanges de produits manufacturés hors agroalimentaire était respectivement de 91 et de 11 milliards d'euros de part et d'autre du Rhin ; en 2010, de +250 et -45 milliards[1].

En termes de parts de marché, le prix à payer est élevé et les calculs impitoyables. Entre 1995 et 2010, la France a abandonné 35 % de ses parts de marché. Seuls le Japon et le Royaume-Uni ont fait pis. Le Canada a perdu 25 %, les États-Unis, la Suède et l'Italie 20 %, l'Allemagne et les Pays-Bas ont stabilisé leurs positions et l'Espagne les a même améliorées[2]. La part de marché de la France dans le commerce mondial est ainsi descendue sous la barre des 4 % en 2010 alors qu'elle en représentait encore 6 % en 1980. Et ce qui frappe dans l'aventure française c'est à la fois l'ampleur et le spectre du décrochage. Il touche pratiquement tous les secteurs – même si la tendance est moins prononcée pour les biens d'équipement et le matériel de transport – et toutes les régions du monde, à commencer par la zone euro : les parts de marché de la France y sont passées de 17 % en 1998 à 13 % en 2010, et en particulier vis-à-vis de notre premier partenaire, l'Allemagne. En réalité, la France a davantage perdu du terrain face aux Allemands ou aux Italiens que face aux Chinois ou aux Indiens.

1. Chiffres annualisés.

2. Voir à ce sujet « Où la France perd-elle des parts de marché et sait-on pourquoi ? », Flash Natixis n° 589, 3 novembre 2010.

La compétitivité de l'industrie française est à la cave. L'évolution du ratio « exportations françaises/exportations allemandes » (ce que les économistes appellent le « taux de couverture ») dans les produits manufacturés est plus éloquent qu'un long discours : alors que les exportations françaises de produits manufacturés représentaient encore un montant équivalent à 56 % des exportations allemandes en 2000, huit ans plus tard elles étaient descendues à 37 %. Et le même ratio calculé cette fois par rapport à l'ensemble de la zone euro (hors Allemagne) n'est pas moins inquiétant : il est passé de 26 % à 20 % sur la même période. La France compte aujourd'hui à peine plus de 90 000 entreprises exportatrices quand l'Allemagne en affiche plus de 240 000. Et elle en a perdu 10 % depuis 2005 quand sur la même période sa voisine en a gagné autant.

La France, nouvelle Costa Brava ?

Ce qui frappe dans cette évolution, c'est à la fois l'ampleur et la soudaineté de la dégradation. La plupart des pays de l'OCDE sont confrontés au vieillissement démographique assorti d'une croissance de long terme nettement plus faible que celle des pays émergents. Jusqu'en 2007, le développement du crédit et le gonflement de la bulle immobilière avaient caché la misère. Mais aujourd'hui on est bien obligé de constater que la divergence s'accélère, y compris entre pays industrialisés. Les choix qu'ils ont posés au cours des quinze dernières années dessinent en effet des « modèles » sensiblement différents. Dans la nouvelle donne mondiale, la « bonne » spécialisation productive se situait sans doute quelque part dans l'industrie et les services sophistiqués (ou exportables, ce qui inclut le tourisme) puisqu'il faut à la fois accroître la productivité pour compenser les effets du vieillissement et profiter de la vitalité de la demande des pays émergents. Et, de ce point de vue, au sein du G5, la France n'a pas fait les meilleurs choix. Les États-Unis et le Royaume-Uni tirent leur épingle du jeu grâce au caractère « productif » des services qu'ils ont choisi ; l'Allemagne et le Japon grâce à leur industrie et à leur talent d'exportateurs. La France ne fait plus guère illusion dans la mondialisation que par la vitalité de son Cac 40, et même ces grands groupes – qui réalisent désormais 80 % de leurs profits à l'étranger – ne sont plus inexpugnables de leur pré carré.

Et même si les Chinois parlent encore de « Core Europe » à propos du tandem franco-allemand, la vérité oblige à dire que l'économie française est désormais plus proche de sa voisine d'au-delà des Pyrénées que de celle d'outre-Rhin. Quel que soit l'angle de comparaison – spécialisation productive et niveau de gamme, capacité à exporter, en particulier vers les pays à croissance rapide, profitabilité des entreprises, donc capacité à investir, à créer des emplois, à augmenter les salaires, capacité à résister à la hausse du prix des matières premières, sans parler de la santé des finances publiques… – celle-ci est au détriment de l'industrie tricolore. Les caractéristiques de l'économie française ressemblent de plus en plus à la carte génétique d'un pays du sud de l'Europe tandis que le « Core Europe » revêt de plus en plus les contours de l'Allemagne et de… l'Allemagne. Pour la France, la pente qui se dessine, si rien n'est fait, est bien celle d'une nouvelle Costa Brava ou d'une Floride européenne.

Pourtant, rien n'est encore irréversible. Et nostalgie ne signifie pas résignation. Dans les années 1980, on nous a expliqué que l'avenir appartenait aux services dans le giron d'une société postindustrielle débarrassée des contingences du « secondaire ». Dans les années 1990, la mode fut à la « nouvelle économie » avec Internet et la finance comme principaux leviers de croissance. Au tournant des années 2000, quelques beaux esprits imaginèrent l'entreprise sans usine (*fabless*) : les cerveaux en Europe, les jambes en Chine. On sait aujourd'hui ce qu'il en est advenu. Et du concept de l'« entreprise sans usines ». Et de l'Alcatel de Serge Tchuruk ! Non, la France ne doit pas continuer à se désindustrialiser ! Et si elle a négligé ses usines depuis trente ans, elle n'a pas définitivement perdu la bataille de l'industrie, même si – à l'évidence – l'industrie de demain ne ressemblera pas à celle d'hier. Personne ne peut en effet ignorer la tendance de long terme : l'industrie, comme l'agriculture avant elle, va continuer à perdre du poids et des emplois sous l'effet de deux tendances irrésistibles : la course à la productivité et l'évolution des modes de consommation vers moins de biens matériels et plus de services. Quand les nouvelles générations préfèrent investir dans le téléphone, les spectacles, l'Internet ou un week-end en amoureux plutôt que dans l'achat d'une voiture ou d'un deux-roues, c'est un nouveau profil de l'économie qui se dessine. Mais si l'industrie doit se réinventer, elle n'en constitue pas moins l'un des éléments clés de la prospérité d'un pays comme la France. Pour au moins trois bonnes raisons.

D'abord, l'industrie exporte bien plus que les services et, donc, concourt à améliorer la balance commerciale et à faire rentrer des devises. Ensuite, elle représente sans doute encore plus de 5 millions d'emplois si l'on additionne les emplois directs, les intérimaires (comptabilisés dans le secteur tertiaire) et les services à l'industrie. Or, c'est l'industrie qui verse des salaires élevés. C'est l'industrie aussi qui est capable de proposer des emplois qualifiés. Des emplois qui sont en outre disséminés sur l'ensemble du territoire, ce qui n'est pas neutre du point de vue de l'équilibre économique et social. Il suffit pour s'en convaincre d'observer les ravages sociaux provoqués au Royaume-Uni par des décennies de désindustrialisation. Enfin, non seulement l'industrie constitue le réservoir de productivité donc de croissance d'un pays, mais elle mobilise un ensemble de savoir-faire qui peuvent se révéler à bien des égards stratégiques et dont il faut pouvoir conserver la maîtrise. Ainsi, dans certains domaines, un composant clé peut tout à coup devenir porteur d'une révolution technologique. Si un pays ne le fabrique plus, comme on l'a vu par exemple avec les batteries nouvelle génération aux États-Unis, il devient nettement plus délicat de franchir un cap technologique, en l'occurrence de passer à la voiture électrique. Sans parler de l'assèchement de toute une filière éducative dès lors que certaines compétences techniques disparaissent. Il existe des biens communs industriels stratégiques pour l'avenir de la compétitivité d'un pays, et tout le problème est d'abord de les identifier, ensuite de les préserver. Sans industrie, un pays condamne ses salariés aux bas salaires, à la déqualification accélérée et son économie à l'anémie pernicieuse.

Préserver son industrie, lui donner les moyens d'évoluer et de se développer, ce n'est certainement pas s'accrocher désespérément au passé mais au contraire investir pour l'avenir. Le temps n'est pas encore venu de « muséifier » l'industrie française. Jugée moribonde et dépassée il y a peu, la politique industrielle fait même un retour remarqué dans le débat public. Hier à travers les États généraux de l'industrie et la création du Commissariat général à l'investissement. Demain, à la faveur du débat présidentiel, autour de la réflexion sur les moyens de préserver la compétitivité de notre économie.

Dans un article du *Monde*, Pierre-Antoine Delhommais nomma, le temps d'un éditorial[1], Michel Houellebecq « ministre de la Désindustrialisation ». L'auteur de *la Carte et le Territoire*[2] n'imagine-t-il pas en effet la France de 2040 en « pays surtout agricole et touristique » et capable de montrer une « résistance remarquable » aux crises ? « Offrant ses hôtels de charme et de passe, ce que l'on appelle un art de vivre, ajoute l'éditorialiste du *Monde*, elle attirera dans ses belles campagnes du Limousin et de l'Auvergne des hordes de touristes russes, indiens et chinois. Et les devises entreront à gogo »... Il n'est sans doute que temps de faire mentir les sombres prédictions du romancier attitré de la fin de l'âge industriel. Mais pour y voir plus clair, il faut commencer par démêler les causes d'une si méchante désindustrialisation. Sans se contenter des idées reçues et des partis pris idéologiques. L'exercice n'est pas simple, car bien des facteurs entrent en jeu qui tiennent autant aux choix politiques et économiques opérés depuis bientôt trente ans qu'aux pesanteurs culturelles qui empêchent parfois les Français d'imaginer sereinement leur avenir.

1. *Le Monde* du 18 septembre 2010.
2. Flammarion, 2010.

Chapitre 2

L'industrie, c'est dépassé, ça sent mauvais et c'est dangereux !

En s'installant définitivement dans le débat politique, la question de la désindustrialisation ne pouvait échapper à une certaine confusion. À la veille d'une campagne présidentielle, voilà un thème sur lequel chacun doit avoir son point de vue, lequel n'est certes pas exempt de toute arrière-pensée politicienne. Le débat n'y gagnera pas forcément en clarté. On a déjà tout lu et tout entendu, ou presque, sur les raisons de la saignée industrielle à la française. Coût et durée du travail, délocalisations sauvages, défaillance de l'innovation, absence d'un tissu de PME efficaces et performantes, fiscalité confiscatoire, sans oublier l'euro qui a fait au cours des derniers mois l'objet d'une offensive en règle de la part des tenants d'une « sortie » salvatrice tant pour l'industrie que pour l'économie. Comment faire le tri quand on sait que la France a accumulé au fil du temps à peu près tous les handicaps au maintien d'une puissante industrie sur son sol ?

Commençons par faire un sort, afin de passer à l'essentiel, à une explication qui alimente abondamment le débat franco-français depuis des années déjà – débat auquel la chancelière allemande Angela Merkel ne dédaigne pas à l'occasion d'apporter sa pierre – celle de la durée du travail. Si l'on en croit ces experts plus ou moins informés ou plus ou moins désintéressés, la faible durée du travail serait au cœur des problèmes économiques rencontrés par certains pays européens. Au sud, est-il besoin de le préciser. Un Sud qui engloberait bien entendu la France. La chancelière allemande a même cru bon de suggérer à plusieurs reprises qu'il faudrait harmoniser la durée des vacances ou encore l'âge de la retraite dans les pays du sud de la zone euro afin que ceux-ci « méritent » le soutien allemand…

En fait, voilà une thèse qui est tout simplement infirmée par les chiffres. La durée annuelle moyenne du travail est en effet beaucoup plus faible en Allemagne (1 390 heures) que dans ces pays du Sud stigmatisés pour leur « paresse » supposée, qu'il s'agisse de la France (1 554 heures), de l'Espagne (1 654 heures), du Portugal (1 719 heures), de l'Italie (1 773 heures) ou… de la Grèce (2 119 heures)[1]… selon l'OCDE. Quant à l'âge de la retraite, les chiffres montrent aussi que – même si l'âge légal de départ à la retraite est

1. Perspectives de l'emploi de l'OCDE 2010.

tardif en Allemagne (65 ans et bientôt 67) – l'âge effectif moyen (62,2 ans) y est comparable à ce qu'il est en Grèce (61,5 ans), en Espagne (62,3 ans) ou au Portugal (62,6 ans)[1]. Contrairement à bien des idées reçues, la durée du travail (sur l'année, sur la vie), en deçà comme au-delà du Rhin, a donc peu à voir avec la performance économique allemande dans le concert européen. Outre-Rhin, les salariés travaillent sensiblement moins que ceux du sud de la zone euro. Et ils ne travaillent pas mieux non plus. La productivité par tête allemande se situe benoîtement dans la moyenne de celle des pays du « Sud » ; quant à la productivité horaire, elle est au-dessus de la moyenne, mais elle n'est pas meilleure en Allemagne qu'en France.

Des coûts salariaux trop élevés

Parmi les raisons souvent invoquées, et pas seulement à Berlin ou à Francfort, pour expliquer la divergence de compétitivité entre les économies européennes, donc la désindustrialisation de certaines économies, la question des coûts salariaux fait davantage l'objet d'un consensus. La thèse « allemande » est qu'il faudrait que les autres pays de la zone euro réduisent leurs coûts salariaux pour reconquérir leur

1. Chiffres Eurostat.

compétitivité perdue. L'argument n'est pas sans portée même si la mesure de ce handicap est peut-être plus difficile à établir qu'il n'y paraît.

Premier élément de réflexion : l'évolution des coûts salariaux unitaires[1]. Si l'on considère l'ensemble de l'économie, ils ont effectivement augmenté plus vite en France qu'en Allemagne depuis dix ans (+27 % contre +3 % environ), mais l'écart est nettement moins important si l'on regarde la seule industrie manufacturière (respectivement +10 % et -4 % sur la période, soit un écart de 14 %). Grâce à une politique de modération salariale, l'Allemagne a – entre 2003 et 2010 – fait plus que compenser le handicap accumulé entre la réunification et la création de l'euro. Pour autant, les proportions (33 euros de l'heure contre un peu moins de 31 euros) ne peuvent *a priori* à elles seules expliquer les écarts de compétitivité et notamment de performance à l'exportation.

Toutefois, la réflexion sur l'évolution des coûts salariaux mérite d'être affinée pour tenir compte des mutations de l'industrie, et en particulier de l'*outsourcing*. On l'a dit, l'industrie manufacturière n'a plus grand-chose à voir avec la nomenclature Insee élaborée dans les années 1950, car il faut désormais tenir compte de l'externalisation par les entreprises industrielles d'un grand nombre de fonctions autrefois assurées par

1. Salaires + charges sociales/productivité, autrement dit le coût de production d'une unité.

celles-ci. Au fil des années, les entreprises sont ainsi devenues de telles consommatrices de services qu'il est permis de poser la question : les coûts salariaux globaux, autrement dit ceux de l'ensemble de l'économie, ne sont-ils pas plus pertinents que les simples coûts salariaux industriels pour comparer les compétitivités industrielles et apprécier les écarts de performance ? Si tel était le cas il serait réaliste de soutenir que l'écart apparu en l'espace d'une décennie de chaque côté du Rhin (24 %) est bien de nature à expliquer une partie non négligeable de la compétitivité comparée entre les économies française et allemande, et donc de la désindustrialisation.

Dans cette comparaison franco-allemande, un autre élément doit encore être pris en compte, c'est l'efficacité d'une délocalisation maîtrisée de la production industrielle dans les pays émergents. Notamment dans l'est de l'Europe. L'Allemagne a en effet beaucoup plus externalisé sa production industrielle que les autres pays de la zone euro. Cela se voit à la taille de ses importations[1] en provenance des pays émergents, et singulièrement des pays d'Europe centrale. On sait aussi que la stratégie d'externalisation de l'Allemagne a consisté à aller chercher dans les pays émergents les facteurs de production qui lui manquent, en particu-

1. Globalement, les importations allemandes en volume représentent 45 % du PIB contre moins de 30 % pour la France ou l'Italie.

lier la main-d'œuvre qualifiée. De ce fait, les produits allemands incorporent du travail réalisé en Allemagne mais aussi ailleurs. Pour mesurer la compétitivité allemande, il ne faut donc pas comparer les coûts salariaux des autres pays de la zone euro aux coûts salariaux en Allemagne, mais à des coûts salariaux pondérés avec ceux des pays d'Europe centrale et orientale (Peco). Un calcul plus précis permet d'avoir en tête un ordre de grandeur : le coût salarial unitaire « réel » de l'Allemagne est sans doute 20 % plus bas que celui des autres grands pays de la zone euro[1]. Dès lors, rien d'étonnant à ce que l'Allemagne ait conquis des parts de marché par rapport aux autres pays de la zone euro puisque, grâce à l'externalisation vers les pays émergents, notamment vers l'Europe de l'Est, elle a sensiblement réduit ses coûts de production.

Mieux encore, elle l'a fait – et c'est là peut-être l'atout décisif de l'industrie *made in Germany* – tout en favorisant la montée en gamme de son offre. Car, contrairement à ce que l'on pourrait imaginer intuitivement, les industriels allemands – qui manquent de main-d'œuvre qualifiée locale – ont externalisé la partie sophistiquée de leur production industrielle dans les pays d'Europe centrale et conservé la partie moins sophistiquée sur leur propre sol. Cette hypothèse, à la

1. Voir à ce sujet « Compétitivité-coût de l'Allemagne : attention aux mesures trompeuses », Patrick Artus, Flash n° 484 du 24 juin 2011, Natixis.

fois stimulante et provocatrice, est confirmée par un travail de recherche approfondi réalisé par la chercheuse Dalia Marin de l'université de Munich[1] : l'industrie allemande a accompli une réorganisation efficiente de la chaîne de valeur en pratiquant l'« *offshoring* » sur le travail qualifié. Impossible d'expliquer autrement le mystère de la faible productivité industrielle allemande. Entre 1999 et 2011, le rapport de la valeur ajoutée à la production dans l'industrie a baissé de 2 % en Allemagne alors qu'il a augmenté de 15 % dans les Peco, preuve que c'est bien dans les pays d'Europe centrale que la partie la plus sophistiquée de la production s'est installée. Quand Renault va chercher à Pitesti en Roumanie de la main-d'œuvre moins chère pour fabriquer les gammes Logan puis Sandero, Volkswagen produit en République tchèque ou en Slovaquie des véhicules haut de gamme voire très haut de gamme telle la Porsche Cayenne 4 × 4 qui sort chaque jour des chaînes de montage de Bratislava. Et les industriels allemands peuvent d'autant plus aisément trouver ainsi une solution à l'insuffisance de leurs ressources nationales en matière de main-d'œuvre qualifiée que les salariés slovaques, tchèques ou slovènes jouissent désormais d'un niveau d'éducation qui n'a rien à envier à celle des

1. Voir à ce sujet « A new international division of labor in Europe: Outsourcing and offshoring to Eastern Europe », *Journal of the European Economic Association*, vol. IV, MIT Press, 2006.

Européens de l'Ouest. En République tchèque comme en Slovaquie, trois actifs sur quatre ont un niveau d'éducation équivalent au 2e cycle du secondaire et postsecondaire non tertiaire, pour reprendre la nomenclature de l'OCDE et la proportion monte à 90 % si l'on y ajoute les formations universitaires. Et les chiffres sont à peine inférieurs en Pologne (respectivement 67 % et 88 %) ou en Slovénie (60 % et 83 %). À comparer aux niveaux allemand (59 % et 85 %) ou français (41 % et 70 %). Sans parler de l'Italie (40 % et 55 %), de l'Espagne (22 % et 52 %) ou du Portugal (15 % et 30 %)[1].

La conclusion s'impose d'elle-même : la performance industrielle de l'Allemagne dépend fortement de sa politique d'externalisation qui lui permet d'optimiser la chaîne de valeur en allant chercher ailleurs les facteurs de production qui lui font défaut tout en abaissant ses coûts de production. Cerise sur le gâteau, lorsqu'on regarde l'évolution de l'emploi manufacturier, on observe que, grâce à cette compétitivité-coût associée à l'externalisation, l'Allemagne est parvenue depuis 2006 (hors effets de la crise) à créer plus d'emplois industriels que l'*outsourcing* ne lui en a coûté directement. Sur la question plus complexe qu'il n'y paraît de la compétitivité-coût, il faut donc prêter attention à tout. Sans trop cultiver les idées reçues. Y compris sur les délocalisations.

1. Chiffres issus de *Regards sur l'éducation 2011*, OCDE.

Dans le piège du milieu de gamme

L'analyse de la performance allemande, décidément riche d'enseignements, ouvre une autre piste de réflexion sur les liens complexes entre compétitivité et désindustrialisation : depuis la création de la monnaie unique, l'appréciation de l'euro n'a pas handicapé ses exportations. Lorsque l'euro a commencé à s'apprécier à partir de 2002[1] et jusqu'en 2008 (où la monnaie européenne a atteint un pic à 1,6 dollar), les exportations allemandes n'ont pas bronché ou si peu. La sensibilité des exportations allemandes au prix (l'élasticité prix) est donc plutôt faible. Ce qui est une autre manière de constater que le niveau des exportations allemandes ne dépend pas tant que cela de leurs coûts de production. Tout simplement parce que les industriels allemands peuvent soigner leurs marges bénéficiaires dès lors que, dans le monde entier, ils sont capables de proposer à leurs clients des produits et des services susceptibles de faire la différence par rapport à leurs principaux concurrents. En revanche, lorsque l'euro s'apprécie, les exportations françaises s'écroulent, ce qui révèle la sensibilité de l'offre tricolore au facteur prix. De savants calculs économétriques montrent que

1. Puisque le taux de change de la parité de pouvoir d'achat entre le dollar et l'euro est de l'ordre de 1,15, l'euro a été surévalué à partir de 2004.

si le taux de change effectif de la France s'apprécie de 1 %, celle-ci perd 0,67 % de son niveau d'exportations tandis qu'en Allemagne le chiffre correspondant est de -0,22 %. Autrement dit, si l'euro s'apprécie de 10 % par rapport à toutes les monnaies, la France va perdre 6,7 % de ses exportations et l'Allemagne 2,2 %.

Cette sensibilité est due au positionnement trop milieu de gamme de l'industrie française. Le handicap se mesure certes à la réactivité des exportations à l'évolution du taux de change, mais aussi – autre indicateur qui ne trompe pas – au solde de la balance commerciale pour les biens d'équipement et les matériels de transport : il est légèrement négatif en ce qui concerne la France, mais en excédent de près de 8 points de PIB pour l'Allemagne ! La France a peut-être un problème de coût du travail, mais elle est surtout confrontée au déficit d'innovation et de qualité de son offre telles qu'elles sont perçues par ses clients dans le monde entier.

La R&D ! On en parle en France depuis trente ans avec le sentiment de rabâcher toujours les mêmes chiffres, les mêmes constats. En part du PIB qui est consacrée à la recherche et au développement, l'Hexagone pointe loin des avant-postes avec un budget à peine supérieur à 2 % quand Suède, Corée du Sud, Finlande ou Japon tutoient les 3,5 %, les États-Unis 2,7 % et l'Allemagne 2,6 %. Quand les États-Unis lui consacrent près de 400 milliards de dollars par an, le Japon 150 milliards, la Chine 121 et l'Allemagne 77, l'effort de la France plafonne légèrement au-dessus des

40 milliards, elle est même désormais devancée par la Corée du Sud[1]. Et ce montant est concentré sur un tout petit nombre de filières – pharmacie, automobile, matériels et composants électroniques et aéronautique et spatial en absorbent les deux tiers – quand la recherche allemande se déploie tous azimuts dans la chimie, les composants électroniques, les métaux industriels et les mines, l'automobile, le *software* ou les énergies renouvelables. Au classement mondial des entreprises en fonction de leurs budgets R&D, la photo de groupe est cruelle pour les firmes françaises : en 2009, le budget R&D de Peugeot n'excédait pas 2,3 milliards d'euros et celui de Renault 1,6 (en baisse de 26,5 % sur 2008) quand Toyota Motor tutoyait les 7 milliards et Volkswagen les 6. Et le différentiel était comparable dans la pharmacie avec Sanofi-Aventis, premier budget de R&D français, à 4,6 milliards, face aux efforts du Suisse Roche (6,4 milliards) ou de l'Américain Pfizer (5,4). Au bout de vingt ans, effet cumulatif garanti.

Non seulement la France accumule du retard, à la fois quantitatif et qualitatif, depuis longtemps mais – on le sait aussi – cette recherche, même au plus haut niveau, débouche trop rarement sur des innovations de rupture. Le recensement du nombre de brevets déposés en Allemagne et en France à dépenses de R&D pra-

1. Source : *Main Science and Technology Indicators 2010*, OCDE.

tiquement comparables est lui aussi un grand classique. Sans même parler du Japon ! Lorsque les Japonais déposent 111 brevets triadiques[1] par million d'habitants et les Allemands 73, les Français plafonnent avec un petit 40[2]. Difficile de renverser la vapeur dès lors que la France investit structurellement moins et depuis longtemps dans l'éducation supérieure que ses grands partenaires. Dans le supérieur, les dépenses par étudiant s'élèvent à un peu moins de 14 000 dollars, deux fois moins qu'aux États-Unis (29 900 dollars)[3]. À peine un Français sur quatre est diplômé de l'enseignement supérieur contre plus de 40 % des Japonais et des Américains et un Canadien sur deux[4]. Et faut-il rappeler que la Chine « fabrique » actuellement plus de huit cent mille PhD chaque année, ce qui constitue évidemment l'un des indices les plus visibles de la vitesse du rattrapage accompli par l'empire du Milieu dans le domaine de l'éducation supérieure et de la recherche, même s'il s'agit encore davantage de développement que de recherche…

Dans la durée, ce déficit d'investissement dans la R&D et l'innovation a évidemment des répercussions

1. Déposés simultanément aux États-Unis, au Japon et auprès de l'Office européen des brevets.

2. *Main Science and Technology Indicators 2010*, OCDE.

3. *Regards sur l'Éducation 2011*, OCDE.

4. *Ibid.*

très concrètes sur le profil de l'offre industrielle à la française. La comparaison des structures de production manufacturière françaises et allemandes en fonction de leur « niveau technologique »[1] permet d'affiner encore l'analyse sur les raisons et la nature de la désindustrialisation à la française.

Les industries dites « de basse technologie » contribuent pour près de un tiers à la valeur ajoutée industrielle en France alors qu'elles ne représentent que 19 % de la valeur ajoutée de l'industrie allemande ; les chiffres sont respectivement de 61 % et 42 % si l'on agrège « basse » et « moyenne-basse » technologies. Une première différence structurelle qui éclaire la moindre résistance de l'industrie tricolore à la concurrence, aux délocalisations et aux tentations d'investissements dans les pays à bas coûts.

La deuxième différence tout aussi instructive porte sur les industries de haute technologie *stricto sensu*

1. Éléments recensés par la base de données Stan de l'OCDE (derniers chiffres disponibles 2007). L'OCDE classe les industries manufacturières en quatre catégories : « haute technologie » (informatique, technologies de l'information, pharmacie, instruments d'optique et de précision, etc.), « moyenne-haute technologie » (chimie hors pharmacie, biens d'équipement, construction automobile, matériel de transport, etc.), « moyenne-basse technologie » (caoutchouc et plastiques, métallurgie, construction et réparation navale, etc.) et « basse technologie » (textile, cuir et chaussures, pâte à papier et papier, agroalimentaire, boissons, tabacs, etc.).

(sur ce segment, la France fait certes jeu égal avec l'Allemagne, mais grâce à ses industries d'armement) et plus encore sur celles dites de « moyenne-haute technologies » où s'exprime là l'écrasante supériorité allemande (45 % de la valeur ajoutée manufacturière contre 26 % seulement pour la France). C'est là en effet, dans sa capacité à développer une offre industrielle à la fois de qualité et diversifiée, qui associe recherche et innovation, mais aussi grandes et moyennes entreprises, que s'épanouit l'avantage comparatif de l'industrie allemande, non pas dans quelques secteurs de pointe mais dans l'ensemble des grands secteurs industriels. Ainsi, dans le secteur de la mécanique, alors que la France tire ses avantages comparatifs quasi exclusivement de l'aéronautique, ceux de l'Allemagne sont diversifiés et majoritairement composés de produits de moyenne-haute technologie : machines spécialisées, moteurs, matériels pour le BTP, machines-outils, quincaillerie. Voilà pourquoi si l'Allemagne fait une mauvaise année avec son matériel de transport, elle se rattrapera sans peine grâce aux machines spécialisées, à l'équipement en communication ou à la chimie quand la France a le plus grand mal à compenser le moindre trou d'air dans le carnet de commandes d'Airbus.

La faiblesse du segment des entreprises de « moyenne-haute technologie » révèle aussi la fragilité du tissu industriel tricolore composé d'une industrie à « basse » ou « moyenne-basse » technologie agrémentée de quelques niches de très haut niveau mais sans système sanguin commun, sans irrigation suffisante de l'ensemble du tissu industriel. Avec le Cac 40, la France dispose de très grandes entreprises efficaces et profitables, mais celles-ci n'entraînent pas le « *Mittelstand* » dans leur sillage, contrairement à ce qui se passe de l'autre côté du Rhin. Au contraire, beaucoup ont délaissé au cours des dernières années leurs sous-traitants français pour des partenaires étrangers moins chers. Au cours des dix dernières années, Renault a cessé de travailler avec 80 % de ses sous-traitants français pour nouer des relations d'affaires avec des Européens de l'Est, des Indiens, des Chinois. Quant aux derniers-nés des Airbus, plus de la moitié de leur valeur ajoutée ne se fait pas dans la zone euro.

Ce défaut de vitalité du tissu de PME (notamment de grosses PME) susceptibles de nourrir la croissance de l'économie et la création d'emplois constitue peut-être le plus gros handicap de l'industrie française. Les PME tricolores ont du mal à grandir, à atteindre cette fameuse taille critique qui leur permettrait de concevoir et de mettre en œuvre des stratégies associant créativité, innovation, conquête de parts de marché, notamment à l'exportation. Quatre années après sa création, une entreprise française n'a en moyenne augmenté ses effectifs que de 15 %, une allemande de 20 %, une américaine les a plus que doublés. À l'horizon de sept ans, la progression des créations d'emplois est même retombée à +7 % en France quand elle atteint +22 % en Allemagne et +126 % aux États-Unis[1].

Résumons-nous. Une spécialisation industrielle de milieu de gamme qui expose l'industrie française à tous les vents mauvais de la concurrence internationale. Un tissu de PME insuffisamment performant, dont les marges et les profits sont sous contraintes. Toutes les études montrent que depuis quinze ans c'est en France que les prix relatifs des biens industriels ont le plus baissé en Europe : les industriels ont en effet dû sacrifier leurs prix pour défendre tant bien que mal leurs parts de marché face à une concurrence de plus en plus affûtée. Le positionnement milieu de gamme laisse peu de choix aux entreprises françaises : sans *pricing power*, elles sont condamnées à réduire leurs marges bénéficiaires. Entre 2000 et 2007 (avant la crise), l'excédent brut d'exploitation (EBE) de l'industrie manufacturière avait progressé de 67 % en Allemagne et reculé de 14 % en France. Entre 2000 et 2010, l'EBE français a été pratiquement divisé par deux, ce qui met le résultat global de l'industrie française environ au tiers de celui de l'industrie allemande. Et le phénomène de dégradation s'accélère : si l'on

1. Source : « Comparative analysis of firm demographics and survival: Micro-level evidence for the OECD countries », E. Bartelsman, S. Scarpetta, F. Schivardi, Economics Department Working Paper n° 348, janvier 2011, OCDE.

considère que le nombre de firmes exportatrices constitue un bon indicateur du niveau technologique d'un tissu industriel, il n'est pas excessif de soutenir que la France est même en phase de désertification en ce qui concerne les entreprises capables de faire la différence au niveau mondial.

Les PME innovantes « croquées » par les grands groupes

Le cercle vicieux est enclenché depuis longtemps : la faiblesse des profits stérilise l'investissement et l'innovation tandis que les inévitables problèmes de financement surgissent. Les PME françaises manquent cruellement de financement en fonds propres. Elles se financent beaucoup par crédit bancaire. Sur ce point, trois chiffres en disent davantage qu'un long discours : il existe aux États-Unis environ 400 000 « *business angels*[1] », il y en a 40 000 au Royaume-Uni et… 4 000 en France. Avec trop de dettes et pas assez de fonds propres, la structure de financement des entreprises françaises est donc loin d'être optimale. Elle peut même devenir malthusienne dès lors qu'une entreprise financée par la dette est plus frileuse dans sa prise de risque parce qu'elle peut se

1. Un *business angel* et une personne qui investit une partie de son patrimoine personnel dans une entreprise innovante et à haut potentiel et qui met gratuitement ses compétences, son expérience et ses réseaux à la disposition de l'entrepreneur.

retrouver en difficulté dès qu'un projet échoue. Et la crise n'a rien arrangé. On a ainsi vu se multiplier, depuis 2008, les réflexes d'aversion mutuelle pour le risque : les banquiers n'ouvrent que parcimonieusement le robinet du crédit et bien des PME se désendettent pour ne plus dépendre d'eux. On voit ainsi s'installer des comportements compréhensibles mais mortifères, car il n'y a pas de développement sans endettement. Du coup, tétanisées par la crise, certaines PME ont tout simplement cessé de s'agrandir. Un mauvais coup pour l'ensemble de l'économie française, car une économie d'autofinancement, c'est-à-dire une économie dont les acteurs ne peuvent (ou ne veulent) avoir recours à l'endettement, est une économie qui perd toute capacité de financer des projets rentables à long terme.

Pis encore : lorsqu'une entreprise réussit et veut financer sa croissance dans de bonnes conditions, les difficultés qu'elle rencontre en font tout naturellement la proie des grands groupes à l'affût des entreprises dynamiques. Chaque année, 14 % des PME de 100 à 249 salariés et 16,5 % de celles employant 250 à 499 salariés sont ainsi absorbées par un groupe, ce qui signifie qu'en moyenne après six années une PME, surtout si elle est en croissance rapide, sur un créneau à haut niveau technologique et exportatrice, sera absorbée par plus gros qu'elle. Et plus l'activité de la PME sera de haut niveau technologique plus elle sera la cible des candidats au rachat (une PME absorbée par un grand groupe sur trois est issue d'un secteur de haute technologie). Et ce rachat, pour diverses raisons, fera bien souvent disparaître le caractère dynamique et innovateur de la structure initiale. Ainsi va la vie des petits croqués par les grands ! Dans le secteur du logiciel, par exemple, des dizaines de PME françaises très pointues se font racheter chaque année par de grandes entreprises, qui plus est… étrangères. Bien souvent anglo-saxonnes. Polyspace Technologies, RealViz, Let it wave, Emailvision… Des dizaines de gazelles finissent ainsi chaque année dans l'estomac des grands fauves de l'informatique mondiale. Sans parler de quelques éléphants tels Business Objects, GL Trade ou encore Ilog, trois pépites rachetées en leur temps par des mastodontes allemands ou américains. Une preuve parmi d'autres que, si la France n'a peut-être pas de problème particulier avec le « *start* », elle en a bel et bien un avec le « *up* ». L'aventure des jeunes pousses informatiques n'est pas isolée. Elle donne une idée des difficultés rencontrées par les créateurs d'entreprise dans un système insuffisamment *business friendly*, comme disent les Anglo-Saxons. En particulier à l'égard des entreprises en croissance. On pense d'emblée au poids des charges sociales, véritable poison du tissu industriel français.

Une fiscalité confiscatoire qui décourage l'emploi et freine la croissance

La fiscalité sur les entreprises reste plus lourde en France que chez nos principaux voisins. La réforme de la taxe professionnelle a fait un pas dans la bonne direction. Mais la question clé des prélèvements sociaux reste entière. Tous les travaux de recherche sans exception montrent que le niveau élevé des cotisations sociales (environ 320 milliards d'euros par an) décourage l'emploi, et en particulier l'emploi des jeunes, freine l'investissement et compromet la croissance potentielle. Il faut donc en finir avec des charges sociales trop élevées qui, tout le monde est d'accord là-dessus, ruinent la compétitivité de l'industrie française, même s'il y a allègement de charges sociales sur les bas salaires, allègement qui profite d'ailleurs plus fortement à des emplois moins exposés à la concurrence internationale que les emplois industriels. Les exonérations sur les emplois peu qualifiés ont conforté en réalité une véritable distorsion de l'évolution des structures de qualification. Par rapport à la moyenne de l'Union européenne, la France a moins détruit d'emplois peu qualifiés, créé plus d'emplois très qualifiés mais beaucoup moins de ces emplois à qualifications intermédiaires qui constituent justement le fer de lance de l'industrie. Si l'on ne veut pas décourager les créateurs d'entreprise industrielle, il faudra réformer le système des prélèvements fiscaux et sociaux afin d'alléger le coût du travail.

Un environnement plus *business friendly* suppose en priorité une réforme fiscale. Il suppose aussi une évolution des politiques « publiques » qui prennent systématiquement en compte la compétitivité de l'industrie (éducation, recherche, coût du travail, environnement juridique et fiscal adapté, dépenses publiques orientées vers l'amorçage des activités industrielles du futur). Plus généralement, c'est toute une culture de l'innovation, de la science et de la technologie qu'il faut remettre à l'honneur dans notre pays. Ce serait la meilleure manière de faire définitivement entrer notre industrie dans l'« économie de la connaissance » et de redonner aux jeunes générations le goût de l'aventure technologique. N'est-il pas terrible, comme le souligne Louis Gallois, président exécutif d'EADS, dans un plaidoyer remarqué pour « une nouvelle ambition industrielle », que, « dans les années récentes, il [*soit*] arrivé que les diplômés de Supaero choisissant l'aéronautique se comptent à l'unité[1] » ? Que dire du fait que plus de un quart des polytechniciens fassent désormais carrière dans la finance !

1. « Pour une nouvelle ambition industrielle », *Commentaire*, n° 130, été 2010.

La religion du progrès a du plomb dans l'aile

En France, en effet, lorsqu'on parle d'industrie, la défaite culturelle n'est pas loin. Une fois de plus, la comparaison franco-allemande dessine deux approches du fait industriel et de son rôle désiré dans une économie et une société modernes. L'ardente obligation d'une réindustrialisation envahit le débat aujourd'hui, en France comme ailleurs, afin de préserver une croissance potentielle plus robuste, continuer à créer des emplois qualifiés et équilibrer le commerce extérieur. Mais, pour autant, aux obstacles économiques que nous venons d'évoquer il faut ajouter une autre dimension sur laquelle il est impossible de faire l'impasse : les contradictions de l'opinion publique. D'abord, à l'instar de nombreux peuples des pays « riches », les Français se sont installés dans le confort d'une société postindustrielle nettement plus « propre » voire aseptisée. Pourquoi se salir les mains sur une chaîne de montage, derrière une machine bruyante et graisseuse ou dans un atelier exposé à des vapeurs plus ou moins toxiques si l'on peut couler des jours heureux dans le cadre paisible d'un bureau paysager ? Ne nous a-t-on pas expliqué doctement au tournant du siècle que, dans la nouvelle division internationale du travail, nos chers et vieux pays allaient se réserver les activités nobles et valorisées tandis qu'à l'autre bout de la planète d'autres se contenteraient durablement des miettes industrielles du festin ?

En France, il faut bien le dire, la politique économique a toujours privilégié la défense du consommateur sur celle du producteur. Aujourd'hui, ce tropisme naturel se double d'une nouvelle dimension : l'image de l'industrie est devenue passéiste. Pis, elle n'a pas bonne réputation. Nous ne sommes pas prêts à assumer les coûts (de toutes sortes) liés à l'activité industrielle. Les fumées, la pollution, les atteintes à l'environnement… Après un XXe siècle placé sous le signe de la modernité, c'est-à-dire du progrès, dans nos sociétés postmodernes occidentales, l'idée du progrès même fait l'objet d'un débat. La catastrophe nucléaire de Fukushima est venue renforcer encore un mouvement amorcé bien avant la fin du siècle. Interrogés par l'Ifop pour *le Journal du dimanche*, 62 % des Français déclarent souhaiter un arrêt progressif – sur vingt-cinq ou trente ans – du programme nucléaire en France, soit 11 points de plus qu'en mars 2011 juste après la catastrophe de Fukushima. En outre, 45 % des personnes interrogées se déclaraient inquiètes à l'égard des centrales nucléaires françaises[1]. Dans le même esprit, le Parlement français a interdit, le 30 juin 2011, l'utilisation de la technique de la fracturation hydraulique pour l'exploration et l'exploitation des gaz et huiles de schiste sous la pression des populations concernées. La France est ainsi devenue le premier pays au monde à interdire l'usage de cette technique jugée hautement polluante.

1. Enquête réalisée du 1er au 3 juin 2011.

La religion du progrès, dont nous fûmes les dévots, a du plomb dans l'aile. Il fut un temps où celui-ci valorisait le mouvement et la transformation à venir. Tout semblait perfectible. Aujourd'hui, le progrès est devenu anxiogène. Ulrich Beck, le grand théoricien de la « société du risque » parle même de « société du désastre ». Signe des temps : il n'y a pas si longtemps, la France a décidé de graver le « principe de précaution » dans le marbre de sa Constitution. Un principe qui, conçu initialement pour prévenir les changements climatiques provoqués par l'homme, a peu à peu déployé ses ailes sur l'ensemble de l'activité économique dans une sorte d'extension continue du domaine de la précaution. En 2011, les craintes et les peurs associées aux dangers industriels ont fait un retour en force, tandis que le fond de l'air devenait à nouveau propice aux prêcheurs de la repentance climatique et de la frugalité. Or, outre les accidents, l'industrie, c'est vrai, peut être synonyme de pollution au quotidien, de consommation excessive de matières premières…

L'activité industrielle a longtemps bénéficié d'un préjugé favorable, malgré les risques associés. Le fait qu'il y ait un accident n'impliquait pas la remise en cause de tout un secteur. Mais l'industrie a désormais perdu son préjugé de légitimité. Et la suspicion est d'autant plus grande que le secteur concerné met en œuvre des technologies de pointe (nucléaire, nanotechnologies…). Les industriels sont désarçonnés par ce nouveau cours. Ils se sentent harcelés par l'anxiété écologique, qu'il s'agisse du climat, des pollutions toxiques et, pour finir, du nucléaire. La philosophie de la solidarité qui a accompagné, à partir de la fin du XIXe siècle, le développement de la société industrielle acceptait l'idée d'une prise de risque associée au progrès. En revanche, on considérait qu'il n'était pas juste que la victime éventuelle soit seule à en supporter les conséquences et c'est ainsi que le développement industriel s'est naturellement accompagné de la multiplication de dispositifs d'assurances chargés de répartir et de modifier l'incidence des risques. Les industriels ont souvent le sentiment aujourd'hui que ce pacte, qui a porté le développement industriel jusqu'à une période relativement récente, est en train de se défaire. L'exemple de la chimie, dont les technologies irriguent de nombreux secteurs industriels (alimentation, pharmacie, cosmétologie), est emblématique de ce nouveau cours. Après avoir été longtemps saluée pour sa capacité d'innovation au service du bien-être quotidien, sorte de symbole des révolutions technologiques des Trente Glorieuses qui a permis le développement de l'agriculture, de la médecine, de toute une série de nouveaux matériaux, la chimie fait peur. Le risque chimique non seulement compte plus que les éventuelles avancées, mais il est désormais considéré comme anormal, surtout s'il se réalise. Ce qui revient à dire qu'on ne conçoit plus de la même manière l'équilibre entre intérêt individuel et intérêt collectif, l'opinion refusant de plus en plus que le premier soit entamé, fût-ce au bénéfice du second. Désormais, tout est toujours susceptible d'être remis en cause. Une incertitude qui ne risque pas d'encourager à l'investissement industriel de long terme, d'autant que les « précautions » à la française sont loin d'être la règle ailleurs.

IMAGINE-T-ON LOUIS PASTEUR OU MARIE CURIE RENONCER AU PROGRÈS PAR PRÉCAUTION ?

Il ne s'agit pas ici d'ignorer les risques que font courir aussi bien une croissance mondiale insoutenable dans les conditions actuelles que certaines dérives mal maîtrisées de l'industrie et de la technologie, mais en quelque sorte de lancer un appel au bon sens. Toute l'histoire de l'industrie a partie liée avec l'innovation et le progrès techniques. Pas d'avenir possible pour l'industrie sans confiance dans le progrès scientifique et technique. Lors des dernières Rencontres d'Aix-en-Provence, organisées en juillet 2011 par le Cercle des économistes, Guillaume Pépy, le patron de la SNCF, a estimé que si le principe de précaution avait existé à l'époque on n'aurait sans doute jamais fait le TGV, car la technologie aurait sans doute été considérée comme trop dangereuse, insuffisamment maîtrisée. Abondant dans ce sens, le P-DG de Total, Christophe de Margerie, a fait le même commentaire pour le gaz de Lacq. Ce n'est pas la peur qui nous sauvera, mais le courage et l'intelligence. Imagine-t-on Diderot et les Encyclopédistes, Louis Pasteur ou Marie Curie renoncer au progrès par « précaution » ? Entre une croissance impossible au rythme actuel et une décroissance invendable, seul le pari de l'innovation peut permettre à nos économies de créer suffisamment de richesses pour préserver le niveau de vie et le bien-être des générations futures, et pour cela nous avons besoin de l'industrie. Les grands défis de ce siècle, à commencer par le fameux développement durable, requièrent ruptures technologiques et réponses industrielles, qu'il s'agisse du réchauffement climatique, des besoins imposés par le vieillissement, de la raréfaction des matières premières, de la limitation des terres cultivables sans parler des immenses besoins des pays en développement. Il faudra donc trouver une voie qui favorise la croissance sans sacrifier la sécurité. La reconquête industrielle n'est imaginable que si elle suscite l'adhésion du corps social tout entier.

Au classement mondial de la compétitivité établi chaque année par le World Economic Forum, la France pointe en 15e position, bien loin derrière le trio de tête des trois « S » (Suisse, Suède et Singapour) mais aussi des États-Unis, de l'Allemagne et du Japon classés respectivement 4e, 5e et 6e. Et la situation française s'est sensiblement dégradée au cours de la dernière décennie. Comme si l'industrie avait descendu une marche supplémentaire. Certes, on vient de le voir, de mauvaises politiques tant publiques que privées ont contribué à transformer l'aventure industrielle tricolore en parcours du combattant. Pour autant, est-ce suffisant pour expliquer cette nouvelle dégradation ? Une fois de plus, l'examen de la situation de la France comme d'ailleurs de celle de ses voisins du Sud par rapport à l'Allemagne est éclairant. Un examen attentif des chiffres – qu'il s'agisse de l'emploi industriel, du poids de l'industrie dans la valeur ajoutée, des parts de marché à l'exportation ou des balances commerciales et courantes – permet de dater l'aggravation de la désindustrialisation des pays du « sud » de la zone euro au tournant du siècle. Autrement dit, au moment de la création de l'euro. Une coïncidence qui n'en est peut-être pas tout à fait une… Nous allons proposer ici une (double) interprétation de cette simultanéité.

L'euro révélateur de la désindustrialisation

Pendant longtemps, les handicaps, les effets pervers des mauvaises politiques, tant publiques que privées, que nous venons d'évoquer, ont été soigneusement masqués. Régulièrement « effacés », au moins en apparence, grâce à la botte secrète de tous les gouvernements de droite et de gauche depuis la nuit des temps : une bonne vieille dévaluation. Mais, avec la création de l'euro, la disparition du risque de change a fait office de révélateur. À plus d'un titre.

Pour un pays où les coûts – notamment salariaux – augmentent assez vite, où il n'y a pas assez d'innovation et où l'offre de biens est obstinément concentrée sur le milieu de gamme, la seule manière de ne pas perdre trop de parts de marché est de rester maître de son taux de change. Le pays s'appauvrira mais préservera son industrie. C'est bien ce que la France a longtemps pratiqué. Mais, dès lors que le taux de change devient fixe et que perce la concurrence, la seule option pour préserver tant bien que mal les parts de marché sera de manger les marges, ce qui n'est pas la meilleure nouvelle pour espérer financer les investissements nécessaires au développement. Les entreprises sont alors de plus en plus fragiles, parce que depuis des lustres on ne s'est pas donné les moyens de préserver une industrie nationale innovante et compétitive.

L'euro a en effet joué le rôle de révélateur de l'impéritie des politiques tant publiques (l'environnement des entreprises) que privées (les stratégies des entreprises insuffisamment orientées vers le haut de gamme). Lorsqu'il s'est apprécié, c'est-à-dire dès 2002, les industriels allemands n'ont pas perdu de parts de marché quand les français abandonnaient beaucoup de terrain en raison d'un positionnement qui rendait la demande de produits manufacturés français (comme les espagnols, les grecs ou les portugais) particulièrement sensible au prix.

Le coup fut d'autant plus rude qu'au même moment se jouait à l'autre bout de la planète une autre rupture qui, elle, n'avait rien à voir avec la création de la monnaie unique : la montée en puissance de la concurrence des pays émergents, un véritable coup dur pour les parts de marché des pays développés positionnés en milieu de gamme. Au tournant du siècle, les deux courbes de la part dans les exportations du monde de la triade (USA/UE à 15/Japon) d'un côté et de l'ensemble des pays émergents (hors Russie + Opep) de l'autre ont commencé à converger. En 1999, la triade pesait encore plus de 65 % des exportations du monde en valeur, l'ensemble des économies émergentes à peine 20 %. En 2011, le trio des plus riches de la planète voit sa part glisser sous les 50 % tandis que le groupe des économies émergentes tutoie déjà les 40 % des exportations totales. Emblème s'il en est de cette magnifique conquête commerciale, la part de marché de la Chine, qui représentait 2 % du commerce mondial en 1999, atteint déjà 13 %. Sur la période, la balance commerciale de la triade s'est littéralement effondrée, affichant un déficit abyssal oscillant depuis 2005 entre 750 et 1 200 milliards de dollars. La balance des pays émergents (hors Russie et Opep), au contraire, évolue désormais sur une tendance de 200 à 300 milliards d'excédent. Pour éviter la désindustrialisation accélérée, il aurait fallu que les pays positionnés en milieu de gamme, et notamment la France, puissent jouer une fois de plus sur une dépréciation réelle de leur taux de change, or c'est exactement le contraire qui s'est produit. À partir de 2002, l'euro a commencé à s'apprécier en termes réels alors qu'il s'était déprécié depuis le milieu des années 1990. Mais le pire restait à venir. Car la disparition du risque de change a eu un autre effet sur l'industrie française, celui-là inattendu : il a fabriqué de la spécialisation productive dans la zone euro, ce qui concrètement s'est traduit, pour un pays comme la France, par une accélération de la désindustrialisation.

La « convergence » n'était qu'une illusion…

Au commencement, les pères de la monnaie unique nous avaient pourtant raconté une bien belle histoire : grâce à la création de l'euro, les économies de la zone allaient converger irrésistiblement pour le plus grand bonheur de ses quelque 320 millions d'habitants. Intuitivement, on aurait pu croire effectivement que les pays appartenant à une union monétaire verraient leurs économies, leurs niveaux de vie, en particulier leurs revenus par tête, converger dès lors que le risque de change aurait disparu et qu'il y aurait donc liberté totale de circulation des biens et du travail. En outre, le fait que les pays membres fassent politique monétaire commune était censé favoriser l'homogénéisation de la zone avec la disparition de ce que les experts appellent les « asymétries », autrement dit les écarts de taux de change, d'inflation, de salaires, de taux d'intérêt…

Douze années plus tard, il faut bien se rendre à l'évidence : c'est exactement le contraire qui s'est produit. La disparition du risque de change, la libre circulation des biens, l'internationalisation des entreprises, la politique monétaire commune ont plutôt encouragé les différents pays à exploiter leurs avantages comparatifs, à développer des spécialisations productives très différentes et à implanter leurs activités là où l'efficacité est maximale, sans craindre que celle-ci soit contrariée par des variations de taux de change, de taux d'intérêt ou de taux d'inflation... Dès lors qu'il y a union monétaire, le risque de change en effet disparaît, les biens circulent librement, et, si Volkswagen ou Renault décident qu'il est plus profitable de fabriquer des voitures en Slovaquie et de fermer telle ou telle unité de production au Portugal ou en France, ils n'ont plus à se préoccuper des éventuels problèmes de change susceptibles de venir contrarier une approche purement industrielle des avantages comparatifs. À cela vient s'ajouter un phénomène assez trivial sur le plan économique mais qui renforce encore la spécialisation productive : dans une union monétaire, l'industrie a tendance à s'installer au centre et les services à la périphérie, tout simplement en raison des coûts de transport. C'est la raison pour laquelle il sera moins évident de fabriquer des voitures à Lisbonne qu'à Bratislava, par exemple. D'une manière générale, les pays de la périphérie attireront moins naturellement les activités industrielles que ceux du centre de la zone même si le phénomène ne se résume pas strictement aux frontières des pays : ainsi la France « orientale » (Alsace, Rhône-Alpes), qui est proche du centre de l'Europe est restée très industrielle tout comme la région nord de l'Italie.

Tout cela explique la concentration progressive de l'industrie dans le nord de la zone euro et la spécialisation des pays du Sud dans la construction (jusqu'à la crise de 2008) et dans les services non exportables. L'Allemagne, les Pays-Bas, l'Irlande se sont spécialisés dans l'industrie ou les services exportables, l'Espagne, la Grèce et le Portugal dans les services non exportables et, jusqu'à la crise, dans la construction. L'Italie et la France se situent entre les deux, c'est-à-dire nulle part. Le mythe de la « convergence » des économies et des niveaux de vie n'y a pas survécu. En réalité, la spécialisation productive associée à l'unification monétaire fabrique bel et bien de la divergence, un phénomène désormais évident, douze ans après la création de l'euro. Et s'il a fallu une bonne décennie pour en prendre conscience, c'est que, jusqu'à la crise, cette divergence a été masquée par le choc monétaire dû à l'unification. L'entrée dans l'euro a en effet provoqué une forte baisse des taux d'intérêt dans les pays peu industrialisés de la zone euro (puisque chacun d'entre eux bénéficiait désormais de la notation commune), ce qui a encouragé une distribution excessive du crédit et de l'endettement avec à la clé la stimulation de la demande (notamment grâce à l'effet richesse provoqué par la hausse des prix de l'immobilier) et de la croissance de ces pays.

La forte réduction de la taille de l'industrie explique les écarts de croissance à long terme, donc de revenu par tête, entre les pays du nord et les pays du sud de la zone euro. La faiblesse de leurs exportations, notamment vers les pays qui tirent actuellement la croissance mondiale (pays émergents et producteurs de pétrole) va générer un déficit permanent de croissance de nature à rendre très difficile la réduction des déficits publics puisque l'existence de déficits extérieurs chroniques impose aux pays concernés de continuer à s'endetter bien qu'ils aient déjà atteint des niveaux élevés d'endettement.

Un coup d'œil rapide sur la situation américaine confirme que l'hétérogénéité est bien une caractéristique intrinsèque des unions monétaires due aux spécialisations productives différentes des régions. Outre-Atlantique, la dispersion des taux de croissance et des taux de chômage entre États est en effet tout à fait comparable à celle observée en zone euro tandis que le poids de l'industrie manufacturière dans la valeur ajoutée va de moins de 2 % (Hawaï) à plus de 28 % (Oregon). Une hétérogénéité forte alors même qu'il s'agit d'un État fédéral avec une mobilité du travail élevée. Cela signifie aussi, *in fine*, que la désindustrialisation qui affecte certains pays de la zone euro n'est pas une anomalie due simplement à de mauvais choix de politique économique comme certains responsables européens à Bruxelles ou à Francfort voudraient le croire. C'est la raison pour laquelle, même si une partie de l'hétérogénéité de la zone euro peut disparaître dès que de meilleures politiques publiques et privées seront mises en place, tant sur le plan micro que macroéconomique, il subsistera en zone euro une hétérogénéité importante liée à la différence de spécialisation productive.

Il ne s'agit pas pour autant de critiquer ici l'entrée dans l'euro hier, encore moins de suggérer d'en sortir aujourd'hui, mais de montrer que la monnaie unique non seulement a fait office de révélateur de problèmes structurels qui, pendant des décennies, avaient été résolus artificiellement grâce à la multiplication des dévaluations dites « compétitives », mais a fabriqué de la spécialisation productive.

Voilà pourquoi il faut se doter des institutions capables de résister aux effets de l'euro sur l'industrie, et traiter la divergence réelle des économies de la zone sauf à assumer la décision politique de sacrifier l'euro. Sur tous les plans, domestique comme européen, la situation réclame en tout cas des décisions courageuses et rapides, car les ravages économiques mais aussi politiques et sociaux de la désindustrialisation laisseront durablement des traces.

Chapitre 3

Nous sommes tous des « indignés » de la désindustrialisation !

Un beau jour, un vieux monsieur au passé éblouissant lança un appel improbable à la jeunesse du monde. « Indignez-vous ! » leur dit-il en substance avant de leur prescrire l'« espérance violente » du poète. Qu'importe si ici ou là certains ont fait la fine bouche au motif que la prose était bien naïve, les jeunes lui ont obéi ! Et s'ils se sont ainsi mobilisés à Madrid, à Athènes, à Lisbonne et sans doute bientôt ailleurs, c'est qu'avec deux petits mots ce grand résistant, grand défenseur des pauvres et des opprimés, avait mis dans le mille. Pour la jeunesse de nos pays, l'indignation est aujourd'hui à la mesure de la désespérance. Les jeunes en ont assez de ne pas trouver leur place dans le monde tel qu'il va. Pis, ils ne se voient plus d'avenir. Tous se sentent impuissants à retenir cette croissance qui semble les fuir inexorablement. Impuissants à rattraper le train du monde. À tordre le cou à ce sentiment de déclin qui mine la vie quotidienne et jusqu'à la confiance dans la démocratie : déqualification, déclassement, précarité, fins de mois difficiles... Or, si baroque que cela puisse paraître, la désindustrialisation a sa part dans ce glissement progressif vers une société toujours plus fragile, toujours plus inégalitaire. Nous sommes tous des « indignés » de la désindustrialisation. Et nous allons ici essayer d'expliquer pourquoi.

Nous avons déjà eu l'occasion de l'écrire[1] : à la fin du siècle dernier, le centre de gravité de l'économie-monde a commencé à dériver en direction de l'est et du sud. Cette redistribution des cartes s'est accompagnée d'une mutation accélérée des spécialisations productives, à mesure que les pays de l'OCDE ne disposaient plus d'aucun avantage comparatif par rapport aux pays émergents pour la production de produits manufacturés. En vingt ans, les pays de l'OCDE ont tous mis en place des modèles de croissance où l'industrie traditionnelle cédait plus ou moins de terrain tandis que le secteur des nouvelles technologies (industries et services associés) se développait ainsi que les services sophistiqués (finance, informatique...) ou les services domestiques au sens large (services à la personne, loisirs, distribution, transports...), ce qui, espérait-on, sauvegarderait le plein-emploi.

1. *Globalisation, le pire est à venir*, Éditions La Découverte, 2008.

LE « MODÈLE BIPOLAIRE » NE MARCHE PAS

Ce que l'on a baptisé par commodité le « modèle bipolaire » devait être l'alpha et l'oméga de la croissance et la promesse du bien-être des pays « riches » en ce début de XXIe siècle. Le raisonnement était apparemment imparable : compte tenu de l'écart de coûts de production entre les grands pays de l'OCDE et les pays émergents[1], la logique voulait que l'industrie migre massivement des premiers vers les seconds et que les premiers se spécialisent dans le haut de gamme et les services abrités de la concurrence internationale. En fait, une belle illusion. Ce modèle ne marche pas. Pour au moins trois raisons.

Tout d'abord, personne n'est aujourd'hui capable de dire où commence le haut de gamme « non délocalisable », y compris dans les services. Le débat fait rage depuis qu'Alan Blinder, un professeur d'économie de l'université de Princeton et qui fut conseiller à la Maison-Blanche et membre du *board* de la Réserve fédérale américaine, a prédit ni plus ni moins la délocalisation de dizaines de millions d'emplois américains ! Selon lui, la révolution des nouvelles technologies modifie totalement la notion de « bien

1. Celui-ci est, *grosso modo*, divisé par deux pour l'ensemble des pays émergents (hors Russie et Opep) par rapport à la triade États-Unis/UE à 15/Japon.

échangeable », avec l'irruption dans l'économie mondiale de près d'un milliard et demi de travailleurs supplémentaires de mieux en mieux formés, tandis que pratiquement tous les types d'emplois sont susceptibles d'être délocalisés un jour, y compris dans l'industrie très haut de gamme et dans le tertiaire exportable[1]. Voilà qui bat en brèche le paradigme des années Clinton selon lequel la disparition des emplois industriels dans les pays industrialisés était compensée et au-delà par des créations d'emplois à forte valeur ajoutée dans l'industrie et dans les services. Blinder se défend de remettre en cause la théorie des avantages comparatifs, mais estime que la période de transition sera à la fois longue et douloureuse pour les pays « riches ». Et, pour le moment, les faits lui donnent plutôt raison.

D'abord, les pays qui ont parié sur le « modèle bipolaire » ne parviennent pas à développer de manière notable l'emploi dans les nouvelles technologies. Et cela est vrai pour tous, y compris aux États-Unis, pourtant le paradis de la *high-tech*, où, depuis l'éclatement de la bulle Internet, le secteur technologique ne compte même pas 5 millions de salariés, soit moins de 4 % de la population active. Un étiage comparable à celui de la plupart des grands pays de l'OCDE, Suède en tête (5,27 % de l'emploi total), devant le Canada (4,27 %), les Pays-Bas (3,96 %), et le Japon

1. « Offshoring: The next industrial revolution », Alan S. Blinder, *Foreign Affairs*, mars-avril 2006.

(3,87 %). Quant à la France, elle affiche un petit 3 %, juste derrière l'Allemagne (3,29 %) et le Royaume-Uni (3,28 %)[1]. Tous ces pays se sont en réalité progressivement spécialisés dans les activités peu sophistiquées et non exportables. Et on a vu ce que cela signifie en termes de profils de croissance et d'emploi.

En second lieu, ce modèle de spécialisation est spontanément pauvre en croissance : le secteur des nouvelles technologies (IT) représente à peine 8 % de la valeur ajoutée des entreprises et moins de 6 % des emplois dans l'ensemble des pays de l'OCDE. Quant aux gains de productivité dans les services domestiques, ils sont faibles, d'où la modestie des hausses de salaires, notamment dans les petites entreprises qui ne distribuent pas de participation aux bénéfices.

Enfin, un dernier élément milite contre la pérennité du modèle bipolaire : le faible excédent commercial des services (hors tourisme) ne permet pas de compenser le déficit des biens. Non seulement ce modèle économique conduit à la baisse des qualifications, des salaires, des gains de productivité et de la croissance à long terme, mais il fragilise l'équilibre économique du pays puisqu'un pays désindustrialisé ne peut espérer équilibrer son commerce extérieur, ce qui conduit à l'évaporation de la solvabilité (interne

1. Chiffres 2009 issus de *OECD Information Technology Outlook 2010*.

et externe) des agents économiques du pays. C'est bien ce que l'on observe dans tous les pays qui se sont spécialisés dans les services non exportables. Il y a déficit courant et dette extérieure en Grèce et au Portugal (l'un et l'autre avec un déficit extérieur au-delà de 12 points de PIB), en Espagne et en Italie (4 à 5 points), mais aussi aux États-Unis, au Royaume-Uni et en France (entre 4 et 5 points de PIB), ce qui condamne les uns et les autres à s'endetter auprès du reste du monde[1] et à gérer un problème de solvabilité. Désindustrialisation, déficits extérieurs et insolvabilité budgétaire : la question est aujourd'hui suffisamment brûlante pour qu'une clarification des liens entre les trois notions s'impose. Quitte à plonger (un peu) dans la théorie économique...

OÙ DÉSINDUSTRIALISATION, DÉFICITS EXTÉRIEURS ET ENDETTEMENT ONT PARTIE LIÉE

Dans les pays désindustrialisés, il apparaît forcément un déficit de la balance courante dès lors que l'excédent des services ou celui des flux de revenus sont de toute manière de trop petite taille pour compenser le

1. En 2010, les non-résidents détenaient 79 % de la dette grecque, 70 % de la française, 55 % de l'espagnole, 52 % de l'américaine et de l'italienne, 32,5 % de la britannique et 6,1 % de la japonaise.

déficit des biens[1]. Notre argument est le suivant : puisque la désindustrialisation fait apparaître un déficit extérieur chronique, elle implique que les agents économiques du pays concerné s'endettent de manière permanente afin de financer ce déficit courant. Et puisqu'il y a endettement permanent, il y a forcément à terme insolvabilité de ces emprunteurs. Jusqu'à la crise, le secteur privé était concerné. Depuis 2008, c'est au tour du secteur public. En l'absence de transferts fédéraux à l'intérieur de la zone euro, les pays membres qui sont désindustrialisés sont donc condamnés à l'insolvabilité de leurs finances publiques et se trouvent dans l'incapacité de rembourser leurs dettes. Aujourd'hui, la Grèce, demain peut-être le Portugal, l'Espagne, l'Italie et pourquoi pas un jour la France.

Précisons notre pensée : si un pays affiche à la fois une dette extérieure nette et un déficit courant chronique, alors ce que l'on appelle sa solvabilité externe intertemporelle (en clair, sa capacité à rembourser à terme ses créanciers) n'est pas assurée. Celle-ci exigerait en effet que les excédents courants futurs actualisés couvrent la dette extérieure présente. Et si la solvabilité

1. À noter que cela ne vaut pas pour l'Irlande qui affiche un excédent commercial en raison de la localisation dans ce pays des profits des entreprises du monde entier attirées par la fiscalité et un déficit de la balance courante avec les transferts en sens inverse de ces profits vers le reste du monde après qu'ils ont été faiblement taxés.

externe d'un pays n'est pas assurée, sa solvabilité interne ne l'est pas davantage. Si un pays s'endette auprès du reste du monde, cela signifie qu'il a un déficit extérieur qui doit être couvert par de l'endettement auprès des non-résidents. Cette situation se produit lorsque l'épargne du pays est insuffisante pour financer les investissements, ce qui impose alors de faire appel à l'épargne étrangère. Une telle insuffisance de l'épargne domestique peut venir soit de l'insuffisance d'épargne du secteur public, c'est-à-dire du déficit budgétaire, soit de l'insuffisance d'épargne du secteur privé (ménages et entreprises). On a observé la faible épargne du secteur privé de 2002 à 2007 lorsque le niveau d'endettement était élevé. Depuis la crise, ce sont les déficits publics qui expliquent les déficits extérieurs.

Or, désindustrialisation et insuffisance d'épargne domestique sont liées. En effet, si la production manufacturière diminue, le revenu des ménages et, donc, leur niveau de consommation en services vont emprunter le même chemin, ce qui provoquera inévitablement une baisse de la production de services qui à son tour entraînera une nouvelle diminution des revenus des salariés des secteurs concernés. Autrement dit, dès lors que la feuille de paie d'un ouvrier de Caterpillar, de Molex ou de Montupet maigrit parce qu'il est en chômage partiel ou pointe à Pôle emploi, il taillera dans ses sorties au bowling ou au restaurant et son épouse ira moins souvent chez le coiffeur, ce qui ne sera pas une bonne nouvelle pour les fins de mois du restaurateur et du coiffeur... Cette diminution des revenus a été historiquement compensée par l'endettement, d'où la baisse de l'épargne, puisque les ménages ont dépensé au-delà de leurs revenus dans les crédits auxquels ils avaient souscrit. Dans l'hypothèse où le revenu des ménages diminue sensiblement, et leur épargne aussi, le déficit extérieur s'installe. Conclusion : les pays désindustrialisés souffrent structurellement d'une insuffisance d'épargne, donc d'un déficit extérieur auquel est associé un problème structurel d'insolvabilité budgétaire. Pour éviter l'engrenage, il faudrait que la désindustrialisation s'accompagne soit d'une hausse du taux d'épargne de la nation, ce qui déboucherait sur une baisse de la production et de l'emploi (c'est ce que l'on observe en Espagne), soit d'une baisse de la consommation de produits manufacturés dans la consommation totale (ce que l'on observe aussi en Espagne), soit enfin d'une baisse de l'investissement productif (observée à des degrés divers un peu partout en Europe), ce qui aurait évidemment pour conséquence de réduire la croissance potentielle.

Mais, dans tous les cas – baisse de l'activité avec la hausse du taux d'épargne, baisse de la consommation de produits industriels, baisse de la croissance potentielle via celle de l'investissement productif –, le bien-être collectif est menacé.

Les anciens d'Usinor se retrouvent à la caisse chez Ikea

Ce bien-être collectif est d'ores et déjà mis à l'épreuve puisque désindustrialisation rime avec déqualification des emplois. C'est le fameux effet sablier : le « modèle bipolaire » lamine les emplois intermédiaires. La tendance est à l'œuvre dans tous les grands pays développés où la part de la population peu qualifiée[1] dans la population totale continue d'augmenter, notamment en Europe. Elle atteint 26 % au Royaume Uni et même 30 % en France (contre 14 % en Allemagne)[2]. Difficile dans ces conditions de nourrir une croissance forte avec des gains de productivité qui plafonnent en France autour de 1 % l'an sur longue période. Il aura fallu la fuite en avant du crédit et de l'endettement pour masquer le choc de la perte de substance de l'industrie traditionnelle et ses conséquences en termes de croissance. Mais il faut bien se rendre à l'évidence : pour une petite minorité de salariés occidentaux, les emplois « milieu de gamme » se sont transformés en emplois très qualifiés, mais pour la grande majorité en emplois peu qualifiés dans les secteurs des biens et

1. Autrement dit, selon le critère de l'OCDE, la part de la population dont le niveau d'éducation est inférieur au deuxième cycle du secondaire.

2. *Regards sur l'Éducation 2011*, OCDE.

surtout des services non échangeables. Les ex-salariés d'Usinor se retrouvent à la caisse chez Ikea, quand ils ne pointent pas au chômage.

L'enquête *Besoins en main-d'œuvre* réalisée par Pôle emploi et le Crédoc constitue chaque année une bonne photographie du marché de l'emploi réel en France. Le cru 2011 montre clairement que les projets de recrutement prévus par les entreprises concernent, dans leur grande majorité, les activités touristiques et les services à la personne : agents d'entretien, serveurs, animateurs socioculturels, cuisiniers, aides à domicile et aides ménagères, aides-soignants, employés de l'hôtellerie... Avec 205 800 projets de recrutement recensés (13 %), l'hôtellerie-restauration est ainsi le premier recruteur national tandis que la santé et l'action sociale et les services aux particuliers représentent respectivement 12 % et 10 % des besoins en main-d'œuvre. Le secteur des services concentre 65 % de l'ensemble des intentions d'embauche[1]. Or, sur la feuille de paie, la différence est sensible.

En France, l'écart entre un emploi industriel et un emploi de services à la personne atteint 45 % en moyenne (de 25 000 à 36 000 euros annuels). En France, le salaire brut annuel par tête était en moyenne de 32 520 euros en 2010, mais ce chiffre cache de

1. Enquête *Besoins en main-d'œuvre 2011*, Pôle emploi-Crédoc, réalisée entre octobre et décembre 2010 sur un échantillon de 422 247 questionnaires exploitables.

plus en plus d'écarts. Quand un salarié de l'industrie gagne en moyenne 37 995 euros (soit 14 % de plus que la moyenne), un employé de la distribution doit se contenter de 29 936 euros (soit 21 % de moins) et celui qui travaille dans le secteur des services à la personne ne dépasse pas en moyenne 25 668 euros, soit un écart de près de un tiers par rapport au salarié de l'industrie[1]. La figure de la femme de chambre, popularisée en 2011 pour de bien mauvaises raisons, est emblématique de ces emplois aussi épuisants que mal rémunérés : 1 550 euros nets par mois dans un palace parisien pour dix à quinze années d'ancienneté et des journées à rallonge. Telle est la condition salariale des nouvelles classes populaires.

Les secteurs de la distribution, de l'hôtellerie-restauration, du tourisme sont ainsi les champions des emplois à bas salaires et à temps partiel. Bienvenue dans le monde des travailleurs pauvres ! Ils sont de plus en plus nombreux en France. Si l'on compte l'ensemble des personnes, conjoints et enfants compris, ce sont entre 1,9 et 3,7 millions de personnes, selon la définition que l'on utilise[2], qui vivent dans une famille pauvre dont le chef de famille travaille. Même en utilisant la définition la plus restrictive, 2 millions de personnes vivent avec moins de 800 euros par

1. Sources : Datastream, Insee, Natixis.

2. Certains experts fixent le seuil de pauvreté à la moitié du revenu médian, d'autres à 60 %.

mois[1] pour une personne seule, un peu plus de 1 000 pour une famille monoparentale avec un enfant de moins de quatorze ans. Un chiffre qui enfle encore dès lors que l'on s'intéresse de plus près aux 20 % des salariés qui perçoivent la rémunération horaire la plus faible (le « premier quintile » du salaire horaire) : la pauvreté en touche un sur six. Inutile de souligner qu'il y a peu de chances pour que la proportion, recensée par l'Insee en 2007, ait maigri pendant la crise. On observe au contraire une dégradation insidieuse des conditions de vie de la population française. Ce n'est pas un hasard si une journaliste, transformée le temps d'un reportage en travailleuse précaire, créait l'événement en librairie à l'hiver 2010 en racontant comment elle gagnait 720 euros par mois avec cinq employeurs différents chaque jour[2]. Au même moment, le médiateur de la République sortait de sa réserve[3] pour alerter sur la souffrance d'une société française « fatiguée psychiquement » où « l'angoisse du déclassement augmente » et au sein de laquelle il dénombrait quelque 15 millions de personnes « pour lesquelles les fins de mois se jouent à 50 ou 150 euros près ». Aux dernières nouvelles, 3,6 millions de Français n'ont pas de logement ou

1. Le revenu considéré est le revenu dit « disponible », c'est-à-dire après impôts et prestations sociales.

2. Florence Aubenas, *Le Quai de Ouistreham*, L'Olivier, 2010.

3. Rapport annuel du médiateur de la République du 23 février 2010.

sont mal logés selon le rapport 2011 de la Fondation Abbé-Pierre. Quant au surendettement, il explose : selon la chambre régionale du surendettement social, une association spécialisée dans l'accompagnement des personnes surendettées, un million de ménages français devraient être couchés sur ce méchant listing à la fin 2011.

C'est ainsi que, si extravagant que cela puisse paraître, la désindustrialisation prend sa part dans le glissement progressif de la société française vers une société plus fragile, plus inégalitaire. C'est notre conviction : en compromettant la capacité des jeunes à entrer dans la vie active dans de bonnes conditions dès lors que ceux-ci sont les premiers touchés par le chômage, la précarisation et la déqualification des emplois et le déclassement social (30 % des jeunes diplômés du supérieur occuperaient en France un emploi peu qualifié, ce qui est considérable[1]), la désindustrialisation pèse et pèsera de plus en plus sur la vitalité de la société et, *in fine*, sur le fonctionnement de notre démocratie.

1. Voir à ce sujet une étude réalisée par Jean-François Giret, Emmanuelle Nauze-Fichet et Magda Tomasini, *Le Déclassement des jeunes sur le marché du travail*, Données sociales, édition 2006.

La jeunesse se vit comme une « génération sacrifiée »

Près des trois quarts des étudiants français déclarent avoir « le sentiment d'être une génération sacrifiée ». La réalité ne leur donne pas tout à fait tort. Une récente enquête menée par l'Ifop pour la Mutuelle des étudiants (LMDE) auprès d'un échantillon de 8 500 étudiants[1] révèle combien ils sont désormais exposés à la précarité sociale. Un sur quatre (26 % exactement) déclare rencontrer « de réelles difficultés » pour faire face aux dépenses « courantes », alimentation, loyer ou encore factures d'électricité, et un sur deux dispose de moins de 400 euros par mois pour vivre. Un budget pour le moins serré, surtout dans une grande ville universitaire. Rien d'étonnant à ce que l'enquête de la LMDE témoigne d'un « accès aux soins des étudiants en recul et d'un niveau de protection sociale insuffisant ». Un étudiant sur cinq renonce en effet à se soigner pour des raisons financières.

En outre, rien n'est réglé avec l'entrée dans la vie active. En France comme dans la plupart des pays de la zone euro, l'ajustement du marché du travail dans la crise s'est fait principalement sur l'emploi des jeunes, d'où la forte hausse du taux de chômage des moins de 25 ans, une hausse supérieure depuis 2008

1. Enquête nationale sur la santé des étudiants, mai 2011.

à celle du taux de chômage global. En France, il tutoie déjà les 25 % (un taux qui atteint 43 % des jeunes hommes dans les zones urbaines sensibles), comme il a déjà grimpé au-dessus de 25 % en Irlande, en Italie et au Portugal et même au-delà de 35 % en Grèce et de 40 % en Espagne sans parler des plus de 60 % dans certains départements d'outre-mer ! On pourra toujours discuter ces chiffres. Rappeler que la base d'actifs sur laquelle ils sont calculés est faible puisqu'une proportion croissante de jeunes poursuit ses études le plus longtemps possible. Faire remarquer aussi que parmi les contrats précaires figurent stages et apprentissage qui sont souvent d'excellents tremplins vers l'emploi. Il reste que le taux de chômage des jeunes a partout augmenté bien davantage que le taux de chômage global. C'est le cas en France. La raison de cette poussée est simple : le coût du licenciement est plus faible pour les emplois temporaires (intérim, contrats de courte durée…), et plus de un jeune Français sur deux est soumis à ce type de contrat (contre moins de 15 % pour l'ensemble de la population active). Une réalité qui n'est pas sans conséquences sur le mode de vie des jeunes actifs de plus en plus nombreux à ne pouvoir ni quitter leur famille ni en fonder une.

Or, la situation ne devrait guère s'améliorer dans les années qui viennent en raison de l'incertitude qui pèse sur les perspectives économiques. L'emploi des jeunes risque de continuer à jouer le rôle de variable d'ajustement. Une perspective aussi injuste qu'inefficace en raison tant de la situation sociale qu'elle installe entre les jeunes et les autres salariés que de la destruction de capital humain qu'elle entraîne : en moyenne, les jeunes sont plus qualifiés que les moins jeunes, c'est donc la part du capital humain la plus qualifiée que l'on « sort » ainsi de la population active. La flexibilité nécessaire aux entreprises a été obtenue en faisant cohabiter des emplois sécurisés (les « *in* ») avec des emplois précaires (les « *out* »), autrement dit les jeunes[1]. Une évolution qui installe une relation très particulière des nouvelles générations au travail : quoi d'étonnant si chez nous près de un jeune sur trois (30 % exactement des 18-24 ans) souhaite être fonctionnaire[2] !

Les difficultés que rencontrent les jeunes générations s'expriment aussi par un pessimisme très élevé quant à l'avenir de la France. Dans une grande enquête consacrée à la jeunesse du monde[3], les experts de la Fondation pour l'innovation politique soulignent que la jeunesse française est une des plus pessimistes du monde : 17 %

1. Voir à ce sujet *Ending the Scourge of Dual Labour Markets in Europe*, Samuel Bentolila, Tito Boeri, Pierre Cahuc, 12 juillet 2010, voxeu.org.

2. Selon une enquête réalisée en ligne les 9 et 10 mai 2011 par l'institut Louis Harris Interactive pour l'émission *Face aux idées* de la chaîne parlementaire-Assemblée nationale du 17 mai consacrée à la jeunesse.

3. *2011, La Jeunesse du monde*, sous la direction de Dominique Reynié, Fondation pour l'innovation politique, fondapol.org.

des jeunes Français pensent que l'avenir de leur pays est prometteur (contre 83 % des jeunes Indiens ou 82 % des jeunes Chinois). Ils partagent ainsi avec les jeunes Grecs le record du monde du pessimisme. De la même manière, 70 % des jeunes citoyens du monde (65 % en Europe) se déclarent « certains d'avoir un bon travail dans l'avenir » mais cet optimisme n'est partagé que par un jeune sur deux (49 %) en France. Seul un jeune Français sur deux voit la mondialisation comme une opportunité, quand, partout ailleurs dans le monde, y compris en Europe, les jeunes regards sont nettement plus optimistes : en Allemagne (66 %), en Italie (68 %), en Espagne (69 %), aux États-Unis (71 %), en Suède (76 %) et bien sûr au Brésil (81 %), en Inde (87 %) ou en Chine (91 %)[1].

Le déclassement de la jeunesse laisse aussi percer l'amorce d'une contestation des éléments fondateurs du contrat social, contestation qui pourrait bien monter en puissance dans les années qui viennent. Le clivage intergénérationnel a remplacé le traditionnel clivage de classes, phénomène qui demeure pourtant aujourd'hui encore un « impensé » politique, à droite comme à gauche. Dans un pays où la réforme considérée majeure du quinquennat porte sur les retraites et où la dernière était censée concerner les vieillards dépendants (elle a finalement été sacrifiée sur l'autel de la rigueur budgétaire), les « *baby losers* » s'« indi-

1. *Ibid.*

gnent[1] » d'être ainsi abandonnés à leur destin. De plus en plus fracturée entre *insiders* et *outsiders*, la société française est à la merci d'une étincelle. D'autant plus que l'usine, hier agent de brassage et d'intégration sociale, n'a pas encore trouvé de successeur dans la société postindustrielle.

Les nouvelles classes populaires en voie de « désintégration »

Hier, l'usine était en effet bien plus qu'un lieu de production, un lieu qui contribuait à structurer la société tout entière. Toutes ses composantes s'y trouvaient réunies : les ouvriers, les contremaîtres, les ingénieurs et même les patrons étaient des salariés (presque) comme les autres. On y fabriquait quelque chose ensemble et on y partageait savoir-faire et amour du travail bien fait. Aujourd'hui, les patrons sont devenus des actionnaires et les livreurs de pizzas ont remplacé les ouvriers à la chaîne, mais, on s'en doute, ces emplois n'ont plus la même fonction d'intégration. C'est une véritable mutation anthropologique qui se joue. Avec la désindustrialisation, une nouvelle catégorie de classes populaires, plus

1. L'écho rencontré par le fameux *Indignez vous !* de Stéphane Hessel en dit plus qu'un long discours, Indigène Éditions, décembre 2010.

fragmentée que par le passé, a émergé : habitants des quartiers populaires, minorités, jeunes peu qualifiés, mères célibataires[1]... Ce sont eux désormais les *outsiders* du marché du travail, les victimes du chômage, du précariat et de l'exclusion. Et face à la crise économique et aux difficultés sociales, ils ne se sentent représentés ni par la droite ni par la gauche. Pis, leur déception est immense face à l'impuissance de l'une comme de l'autre à traiter cette nouvelle précarité qui leur fait peur. Une déception qui favorise la montée en puissance des partis protestataires, à commencer par le Front national. Le parti dirigé par Marine Le Pen s'efforce en effet avec un certain succès de lier chaque fois que possible la question sociale et la question nationale. Ainsi la désindustrialisation peut-elle être instrumentalisée comme une défaite entraînant une perte de sentiment national et le protectionnisme faire figure de dernier rempart. Voilà pourquoi il y a concordance entre les zones en voie de désindustrialisation et le vote frontiste.

Dans les enquêtes d'opinion, Marine Le Pen – élue du Pas-de-Calais depuis 2007 – fait une percée dans le vote ouvrier. Après une incursion du côté de Nicolas Sarkozy en 2007, l'électorat populaire a tendance à revenir au Front. Ainsi une enquête de l'Ifop a montré au printemps 2011 que la présidente du Front national recueillerait 36 % des voix chez les ouvriers, loin

1. Voir à ce sujet la note du *think tank* Terra nova *Gauche, quelle majorité électorale pour 2012 ?*, tnova.fr.

devant Nicolas Sarkozy (15 %), un retournement de situation par rapport à 2007[1]. Les derniers scrutins confirment la tendance. Lors des élections régionales de 2010, le FN a obtenu 22 % des voix à Sochaux, dans la zone « Peugeot » ou encore dans la vallée de la Fensch en Moselle. De même, dans les 403 cantons (dont six triangulaires) où il était présent au second tour lors des dernières cantonales de mars 2011, le vote FN confirme son enracinement dans une France marquée certes par les grandes concentrations urbaines, l'insécurité, l'immigration mais surtout par la crise économique et sociale. Le parti d'extrême droite, qui a attiré plus de 915 000 électeurs, réalise des scores de plus de 20 % dans vingt-deux départements où le chômage est important et/ou le taux de pauvreté élevé, essentiellement sur un arc Nord-Est/Sud-Est (Nord-Pas-de-Calais, Moselle, Champagne-Ardenne, Loire, Gard, Paca) où la désindustrialisation a fait des ravages. Le Nord, la Lorraine sidérurgique ou encore la zone entre Lyon et Saint-Étienne ont été (et sont encore) durement touchés par les fermetures d'usines.

Pour Marine Le Pen, la percée confirme l'efficacité d'une stratégie à la Umberto Bossi, porte-drapeau de l'« extrême droite de gouvernement » en Italie. Le patron de la Ligue du Nord italienne ne se vantait-il pas, en

1. En 2007, Nicolas Sarkozy avait ravi à Jean-Marie Le Pen 40 % de ses voix de 2002 tandis que les ouvriers plaçaient l'actuel chef de l'État en tête au premier tour (26 %).

mars 2010, que, « dans le nord de l'Italie, plus aucun ouvrier ne vote à gauche » ? Cherchant à conquérir des familles sociologiques traditionnellement allergiques au FN, Marine Le Pen s'empare de tous les impensés de la gauche – libre-échange, euro, financiarisation de l'économie... – pour en faire son miel et surfer sur son incapacité à proposer des réponses crédibles aux interrogations économiques et sociales posées par la mondialisation. La question de l'extrême droite n'est pas seulement une question politique posée à la droite, elle est aussi une question sociale posée à la gauche.

Ainsi, loin de se limiter à l'économie, les dégâts provoqués par la désindustrialisation pèsent de tout leur poids sur l'évolution de la société française et investissent le champ démocratique. Voilà pourquoi le redressement de la compétitivité de l'économie française constitue une priorité nationale à laquelle tout doit être subordonné. Pour retrouver un sentier de croissance digne de ce nom et redonner espoir et confiance à l'ensemble du corps social, la France doit reconstituer d'urgence une base productive performante dans la mondialisation. En commençant par résister à cette tentation du repli sur la forteresse qui ne devrait pas manquer d'électriser le débat présidentiel. De l'extrême droite à l'extrême gauche en passant par des pans entiers de l'UMP et du PS, le protectionnisme et son mantra du moment, la « démondialisation », font en effet un retour en force. Une idée aussi irréelle que dévastatrice.

Chapitre 4

Démondialisation heureuse, la nouvelle illusion

Démondialisation. Voilà à coup sûr l'un des mots de la campagne présidentielle. Un mot magique censé requinquer en un clin d'œil nos vieilles économies exténuées en dynamitant le tabou de ce que d'aucuns considèrent aujourd'hui comme le summum de l'« économiquement correct », le caractère jugé irréversible de la mondialisation. La « démondialisation » est devenue le mantra de tous ceux qui ne croient plus à la possibilité de réformer le système de l'intérieur pour extirper la France et l'Europe du piège de la crise en préservant coûte que coûte un libre-échangisme inconditionnel et qui parient sur le rétablissement des barrières douanières et sur une « relocalisation » de la production. L'écho rencontré par cette nouvelle doxa est à la mesure de la souffrance individuelle et collective suscitée par la crise et son terrible cortège : chômage de masse, précarisation accélérée, creusement des inégalités, appauvrissement des classes moyennes... Pour autant, nous ne partageons pas l'analyse des « démondialistes » et nous allons essayer d'expliquer ici pourquoi, symptôme d'une détresse réelle, la démondialisation est aussi, et malheureusement surtout, l'expression d'une illusion.

La démondialisation et ses amis

Emprunté au sociologue et militant politique philippin Walden Bello[1], sorti de l'anonymat pour l'occasion, le concept de « démondialisation » prône une nouvelle organisation de l'économie mondiale fondée avant tout sur la mise en place de barrières douanières accompagnée d'une reterritorialisation de la production. Il prescrit un démontage en règle du libre-échange et de la dérégulation financière coupables de porter atteinte aux droits sociaux et à l'environnement. Dans l'esprit de nos nouveaux croisés, il s'agit ni plus ni moins de donner un coup d'arrêt à cette « fluidité » qui caractérise depuis trente ans l'économie-monde en introduisant dans le système tout « frottement » susceptible de favoriser la relocalisation des processus de création de richesse et de réduire l'empreinte écologique par une réduction optimale des flux de matières et d'énergie.

---

1. *Deglobalization: Ideas for a New World Economy*, Zed Books, 2002.

Aujourd'hui, ces idées sont à la mode un peu partout dans le monde. Alors que le libre-échange était volontiers considéré comme une condition *sine qua non* de la croissance, un certain nombre d'experts se sont mis à envisager le protectionnisme sous l'angle de ses avantages plutôt que de ses inconvénients. Au point que l'« économiquement correct » est en passe de changer de camp. Aux États-Unis, hier le libéral Paul Samuelson, aujourd'hui le keynésien et Prix Nobel d'économie 2008 Paul Krugman ont contribué à donner une nouvelle actualité à l'éternelle querelle entre la liberté et la protection. En France, le débat prend un tour passionné, sinon passionnel, dans la plus pure tradition française, alimenté tant par les experts[1] que par les politiques, de Marine Le Pen à Jean-Luc Mélenchon, en passant par Arnaud Montebourg qui, avec son petit livre-programme, *Votez pour la démondialisation*[2] *!*, a contraint chacun à se positionner sur ce terrain. Une belle idée d'agitateur intellectuel, car, si le mot est simplissime, ce qu'il contient est susceptible de redessiner le paysage idéologique traditionnel.

En son temps, un autre Prix Nobel d'économie, Maurice Allais, avait jeté un pavé dans la mare en

1. Voir notamment l'ouvrage de Jacques Sapir *La Démondialisation*, Le Seuil, 2011.

2. Flammarion, 2011.

dénonçant les délocalisations[1] et en appelant à un « protectionnisme raisonné et raisonnable », estimant que crise et mondialisation sont liées et que « l'essentiel du chômage que nous subissons [...] résulte précisément de cette libération inconsidérée du commerce à l'échelle mondiale sans se préoccuper des niveaux de vie »[2]. Des paroles qui avaient d'autant plus marqué les esprits qu'elles étaient celles d'un incontestable libéral ! En préambule de son analyse, il tenait d'ailleurs à souligner que c'était « précisément à ce titre de libéral » qu'il s'autorisait à « critiquer les positions répétées des grandes instances internationales en faveur d'un libre-échangisme appliqué aveuglément »[3]. Pour stopper les délocalisations mortifères pour l'emploi et le bien-être de ses compatriotes, il proposait (déjà) de « délocaliser » plutôt Pascal Lamy, le patron de l'Organisation mondiale du commerce (OMC), coupable à ses yeux d'incarner ces technocrates qui ne « comprennent rien » et font preuve d'un « entêtement suicidaire »[4] en faveur du libre-échange. Qu'aurait-il dit, au début de l'été 2011, à la lecture d'une interview du patron de l'OMC donnée au

1. *La Mondialisation, la destruction des emplois et de la croissance : l'évidence empirique*, éditions Clément Juglar, 1999.

2. *Marianne*, 5-11 décembre 2009.

3. *Ibid.*

4. *Ibid.*

Monde estimant que la démondialisation « est un concept réactionnaire[1] » ?

Les intellectuels qui en France militent aujourd'hui contre la « doxa » libre- échangiste sont tous à leur manière les héritiers d'Allais, même si beaucoup n'appartiennent pas à la même famille de pensée, tels les membres du conseil scientifique de l'association « Pour un protectionnisme européen[2] » (Bernard Cassen, Jean-Luc Gréau, Hakim El Karoui, Jacques Sapir, Emmanuel Todd, entre autres). La « démondialisation » a de nombreux amis ! Ceux-là invoquent surtout les mânes du grand John M. Keynes pour justifier leur hostilité à une interdépendance trop forte des économies, citant notamment son texte *De l'autosuffisance nationale*[3] dans lequel il avoue se sentir, en définitive, bien qu'ayant été, « comme la plupart des Anglais, élevé dans le respect du libre-échange [...], plus proche de ceux qui souhaitent diminuer l'imbrication des économies nationales que de ceux qui voudraient l'accroître ». « Les idées, le savoir, la science, l'hospitalité, le voyage, doivent par nature être internationaux », ajoute-t-il, « mais produisons chez nous chaque fois que c'est raisonnablement et pratiquement possible, et surtout faisons en sorte que la finance soit nationale ».

1. *Le Monde*, 1er juillet 2011.
2. protectionnisme.eu.
3. « National self-sufficiency », *The Yale Review*, vol. XXII, n° 4, 1933.

Tout comme leur illustre mentor, la plupart de nos « démondialistes » contemporains admettent toutefois volontiers que le nouveau modèle économique qu'ils appellent de leurs vœux demande encore à être précisé et… expérimenté. Même si pour tous le (bon) sens est celui d'un modèle alternatif à celui d'une organisation dérégulée du libre-échange et de la finance au niveau mondial, les conceptions et les priorités sont diverses. La « démondialisation » étant un peu comme l'auberge espagnole, chacun y vient avec sa vision. Quand ce n'est pas avec son obsession. Pour les uns, c'est d'abord une meilleure protection des économies nationales via les barrières douanières avec l'idée d'un protectionnisme différencié en fonction de critères sociaux, écologiques ou territoriaux ; pour les autres, une régulation sans concessions de la finance mondiale ; pour d'autres encore, une relocalisation de la production en lien étroit avec les exigences environnementales. Sans oublier la question de l'euro (en sortir ou pas), la plus controversée sans doute dans la petite troupe des « démondialistes ». Tous, en tout cas, estiment que la mondialisation a montré ses limites avec la crise financière de 2008 et que la déréglementation généralisée des échanges est responsable des délocalisations, de la désindustrialisation et de la précarisation des salariés occidentaux soumis à la concurrence de plus en plus féroce des pays en développement. Tous pointent l'urgence d'une sortie en bon ordre de cet ordre maléfique. Il s'agit de démon-dia-li-ser sans plus attendre. Au reste, divine surprise, les opinions le réclament.

Le boulet de la « mondialisation heureuse »

Depuis dix-huit mois, le doute n'est plus permis : les Français rejettent la mondialisation et souhaitent que des mesures protectionnistes soient mises en place pour protéger leurs emplois et leur niveau de vie. Ainsi ce sondage[1] réalisé au printemps 2011 par l'Ifop pour l'association « Manifeste pour un débat sur le libre-échange » qui vient opportunément apporter de l'eau au moulin de ses initiateurs : 84 % des sondés estiment que l'ouverture des frontières a des conséquences négatives sur l'emploi en France, 78 % sur le niveau des salaires et 57 % sur les prix à la consommation. Et trois sur quatre considèrent que cette ouverture aura des effets négatifs dans les dix années à venir. Une majorité estime enfin qu'une augmentation des droits de douane aux frontières de la France ou de l'Europe aurait des conséquences positives sur l'activité industrielle nationale et sur l'emploi. Des chiffres en forme de confirmation : le fond de l'air est à la protection et au repli sur le pré carré.

1. *Les Français, le protectionnisme et le libre-échange*, réalisé du 17 au 19 mai 2011 sur un échantillon de 1012 personnes représentatives de la population française âgée de dix-huit ans et plus.

Un tel climat s'explique aisément. Pour une majorité de citoyens des pays « riches », la crise est vraiment trop violente. Trop dévastatrice. Elle vient s'ajouter à une transformation sans précédent des économies et des sociétés dont on avait sous-estimé l'ampleur et la rapidité. D'autant plus que la mondialisation a brutalement accéléré au point de sembler échapper à tout contrôle. Un changement de rythme qui a suivi l'effondrement du communisme au tournant des années 1980. Selon les travaux de Richard Freeman, professeur à Harvard, la population active insérée dans le jeu des échanges mondiaux a tout simplement doublé en vingt ans. Cet afflux brutal menace, on l'a vu, les emplois dans les pays riches et provoque de fortes pressions sur les rémunérations des salariés les moins qualifiés partout sur la planète.

Dans une France hantée par le chômage, la précarisation et la peur du déclassement, la mondialisation fait donc figure de mal absolu. L'expression même de la collusion entre des technocrates aussi arrogants qu'irresponsables et des dirigeants politiques impuissants à infléchir le cours des choses. Outre-Atlantique, le psychodrame du relèvement du plafond de la dette de l'État fin juillet 2011 a montré à la fois l'étroitesse des marges de manœuvre de Barack Obama et la capacité du Tea Party (l'aile droite des Républicains) à imposer son agenda et ses idées aux « éléphants » du parti. En Europe, la crise grecque a fait office de révélateur de l'incapacité des dirigeants à faire fond sur la solidarité.

Dans les deux cas, c'est bien à la fois l'impuissance des politiques qui a marqué les esprits et la tentation de l'égoïsme qui a marqué des points. La rechute de la croissance qui se dessine en cette fin d'année 2011 ne risque pas d'améliorer les choses. Alors que, de chaque côté de l'Atlantique, la sortie de crise reste improbable et que chacun pressent confusément que les temps difficiles sont devant lui, le désarroi est un méchant virus qui atteint aussi la classe politique. En Europe comme de l'autre côté de l'Atlantique, celle-ci affiche son inaptitude à faire face à la gestion des risques qui caractérisent notre monde tout en étant de plus en plus sous la pression de la souffrance (et des attentes) de l'opinion. Avec, solidement accroché au pied, le boulet des fadaises de la « mondialisation heureuse » et en toile de fond le risque d'une surenchère populiste. Comme le dit si bien l'économiste Bernard Maris, avec le sens de la provocation qui le caractérise, « ce n'est pas le protectionnisme qui met Le Pen en tête des sondages, c'est Alain Minc[1] » ! Voilà pourquoi le débat sur la « démondialisation » s'impose partout au point de faire exploser les vieux clivages, de l'extrême droite à l'extrême gauche en passant par l'UMP et le PS. Signe des temps, le socialiste Arnaud Montebourg a même réussi à en faire un *best-seller*[2] et le sujet central de sa campagne pour les primaires socialistes. Contribuant à n'en pas douter

1. France Inter, 10 juin 2011.
2. *Votez pour la démondialisation*, Flammarion, 2011.

à ancrer la « démondialisation » dans le débat public comme le souligne l'économiste Frédéric Lordon, membre de la confrérie très « tendance » des « économistes atterrés[1] » : « Le mot de "démondialisation" [...] est devenu assez logiquement le signifiant d'un horizon politique désirable pour toutes les colères sociales que la mondialisation ne cesse de faire naître[2]. »

Quand une question si complexe gagne le terrain politique, il devient difficile d'en faire le bilan raisonné et encore plus de se forger un point de vue raisonnable sur les risques d'un processus de « démondialisation ».

La mondialisation de la production est-elle réversible ?

Commençons par un indiscutable constat. Depuis la fin des années 1990, les pays de l'OCDE ont subi la terrible concurrence des coûts salariaux[3] des pays émergents auxquels ils ont dû abandonner de substantielles parts de marché dans de très nombreux secteurs. Et même si la baisse des prix des jeans, cafetières, appareils

1. atterres.org.
2. *Le Monde diplomatique*, août 2011.
3. Jusqu'en 2005, le coût salarial unitaire de l'ensemble des pays émergents (y compris Chine, Russie et Opep) représentait moins de 50 % du coût salarial unitaire moyen de l'ensemble États-Unis/UE à 15/Japon ; une proportion qui a progressé au cours des dernières années, mais atteignait à peine 60 % début 2011.

photo et autres Caméscope et téléviseurs a soutenu le pouvoir d'achat des familles des pays de l'OCDE, le bilan de la première phase de la mondialisation est sans aucun doute négatif si l'on mesure les pertes de capacités de production et d'emplois dans l'industrie de ces pays, sans oublier la pression à la baisse des salaires. On l'a dit, dans la triade, la production manufacturière a quasiment stagné sur quinze ans quand elle était multipliée par trois dans l'ensemble du bloc émergent (y compris Chine mais hors Russie et Opep), tandis que l'emploi industriel s'évaporait lentement mais sûrement au profit d'emplois des secteurs protégés souvent moins qualifiés, donc moins bien rémunérés. Une réalité qui pèse de tout son poids dans la perception que les Français ont du bilan de la mondialisation, même si celui-ci est difficile à établir tant les bienfaits du libre-échange sont diffus quand ses dégâts sont, eux, bien visibles.

Régulièrement sondée sur la question, une majorité de Français exprime en effet le souhait que l'Europe se protège contre les produits chinois en imposant des droits de douane à ce pays. Et, à première vue, on ne peut pas lui donner tort : les entreprises chinoises n'en finissent pas de conquérir des parts de marché dans le commerce mondial, une conquête facilitée par la sous-évaluation réelle du renminbi assortie d'un coût salarial unitaire[1] deux fois plus faible que celui en vigueur dans l'UE à 27, sans parler des problèmes asso-

1. Calculé par PIB$/PIB$PPA (parité de pouvoir d'achat).

ciés à la qualité des produits et aux dégâts causés à l'environnement par une croissance vorace en matières premières et grande émettrice de CO_2[1]... Une concurrence pour le moins inégale à laquelle viennent s'ajouter des considérations d'ordre « moral » : dans l'atelier du monde trimerait une armée de malheureux avec lesquels nos salariés ont été brutalement mis en concurrence. Pour corriger ce gigantesque *dumping* social et environnemental, il suffirait donc, si l'on en croit les partisans d'un protectionnisme anti-produits chinois, de rétablir les tarifs douaniers aux frontières (de la France ou de l'Europe, en fonction des différentes thèses). Toutefois, il nous semble utile de réfléchir à deux fois avant de trancher.

Pour bien poser le débat, il n'est pas inutile de faire un petit détour par la littérature théorique. Et, en l'occurrence, celle qui nous intéresse ici part du modèle Heckscher-Ohlin-Samuelson, connu sous l'abréviation HOS, modèle standard de la théorie du commerce international. Ce modèle, défini dans les années 1930 par le tandem Ohlin-Heckscher puis « enrichi » par Paul Samuelson, propose une analyse des échanges internationaux à partir de la dotation en facteurs de production (un pays se spécialise dans les

1. Avec quelque 8 500 millions de tonnes de CO_2 émises en 2010 et un rythme de progression annuel supérieur à 15 %, la Chine est devenue la championne du monde de l'émission de gaz à effet de serre.

productions pour lesquelles il est relativement plus doué que les autres en raison des facteurs de production dont il dispose). Ainsi, une lecture statique du modèle HOS rangera les pays émergents parmi ceux qui ne disposent pas des dotations factorielles (main-d'œuvre insuffisamment qualifiée, capital insuffisamment abondant) susceptibles de les rendre compétitifs par rapport aux grands pays développés sur les produits sophistiqués. Toutefois, l'application à la lettre de cette approche assez fruste du modèle HOS ne permettrait jamais aux pays émergents de s'extirper du piège de la faible sophistication de leur économie. Car la théorie de la croissance endogène nous enseigne que, pour avoir du progrès technique, donc à terme de la croissance, il faut parvenir à fabriquer des biens sophistiqués.

C'est là que la notion de protectionnisme « intelligent » entre en scène. Un pays qui introduirait en quelque sorte une lecture dynamique du modèle HOS pourrait avoir un intérêt, non pas à court mais à long terme, à se protéger de la concurrence internationale sur les biens sophistiqués, le temps d'« enrichir » son propre modèle de croissance. Dans un premier temps, en effet, les mesures protectionnistes ne seront pas efficaces, car un pays qui s'impose de produire des biens pour lesquels sa dotation factorielle n'est pas optimale les paiera forcément plus cher que s'il les achetait à un pays mieux outillé que lui pour les fabriquer. Mais, s'il veut monter en gamme et donner, à terme, à son économie les moyens d'une croissance soutenue et de qualité, il décidera de les produire quand même tout en les protégeant de la concurrence internationale. Telle est bien la stratégie de la Chine qui a adopté une approche protectionniste pour les biens complexes et contraint les entreprises chinoises à les produire. Ainsi, l'empire du Milieu n'importe pas les médicaments du Canada ou d'ailleurs, ce qui aujourd'hui lui coûterait beaucoup moins cher, mais favorise l'émergence d'une industrie locale du médicament qui sera demain un facteur de croissance endogène. Et cela est vrai aussi pour l'électronique, les télécoms ou l'aéronautique... Pour une économie en émergence, le protectionnisme peut donc être optimal, comme l'ont montré dans le passé les Japonais, les Coréens et aujourd'hui les Chinois. Mais cette approche n'a rien à voir avec celle qui consisterait à stopper à la frontière des biens simples comme on l'entend de plus en plus proposer dans nos pays. Elle ne s'applique pas du tout au cas européen.

De même, une démarche protectionniste ne peut être « raisonnable », pour reprendre le terme utilisé par Maurice Allais, que s'il existe une substituabilité forte entre produits domestiques et produits étrangers et si, en outre, il n'y a pas à craindre de mesures de rétorsion. Or, nous ne sommes plus du tout dans cette configuration avec la mondialisation actuelle, car c'est une mondialisation qui fait disparaître la substituabilité entre production domestique et production étrangère au profit d'une complémentarité en raison de la segmentation des processus de production. Le constat exaspérera sans doute ceux qui professent une allergie de principe à la « force des choses » : la production mondiale est désormais totalement éclatée et fragmentée, chaque produit étant le fruit d'une multitude de composants différents, conçus, fabriqués puis assemblés dans différents pays.

Arrêtons-nous un instant sur l'exemple bien connu de l'Airbus, arrêt auquel nous invitait au printemps dernier Bernard Carayon, député du Tarn, initiateur d'une lettre-pétition adressée par des élus de gauche, de droite et du centre au directeur général d'Air France KLM et destinée à l'inviter à faire preuve de « patriotisme économique » en achetant des Airbus 350 plutôt que des Boeing 787. Passons sur ce que peut avoir d'absurde l'idée d'imaginer qu'un député du Tarn soit plus qualifié que la direction de l'entreprise pour définir les besoins d'une grande compagnie aérienne internationale, définition qui participe forcément de sa compétitivité présente et future, pour évoquer tout de suite l'argument de la complémentarité : Airbus comme Boeing sont des ensembliers qui sous-traitent des pans entiers de leurs avions : les deux constructeurs sont condamnés au codéveloppement (les équipementiers français jouent d'ailleurs un rôle significatif dans l'équipement du Boeing 787), ensemble ou avec de nouveaux acteurs qui montent en puissance dans les pays émergents. Même si la livre sterling monte, il faudra toujours importer les ailes et l'équipement des trains d'atterrissage d'Airbus fabriqué au Royaume-Uni. C'est d'ailleurs bien la raison pour laquelle les « élasticités prix » des importations ont disparu. Quant à prendre le risque de déclencher une guerre commerciale avec les États-Unis, ce serait tout simplement suicidaire pour le constructeur européen dont le premier marché est américain (en leur temps le décollage de l'A-300 puis de l'A-320 a été lié à de solides commandes américaines).

C'est l'argument décisif qui disqualifie la thèse défendue par Arnaud Montebourg et ses amis : il ne s'agit plus d'agir dans le cadre de la mondialisation « à l'ancienne » où de nouveaux producteurs étrangers font irruption sur un marché pour déloger les producteurs nationaux. Dès que les entreprises des pays de l'OCDE ont disséminé des « bouts » de production dans les pays émergents, la substituabilité a laissé la place à la complémentarité, et se protéger ne peut avoir comme seul effet que de faire monter les prix des produits que l'on doit, de toute manière, importer. Quand les États-Unis ont mis des quotas sur les importations d'acier, le seul résultat fut bien en effet de faire monter le prix de l'acier mais cela n'a absolument pas pesé sur le niveau des importations. Autrement dit, il est à craindre que, sauf à dynamiter le système avec le risque de conséquences absolument imprévisibles, « démondialisation » et protectionnisme ne reposent sur une conception des modes de production qui ne correspond plus à ceux du monde d'aujourd'hui. Dans de nombreux secteurs industriels, la montée en puissance de nouveaux compétiteurs constitue à la fois une forte incitation à contenir autant que possible leurs appétits et à réfléchir sur les risques à moyen terme de succomber à une telle tentation. Dans ce domaine, le cas chinois vient illustrer la réflexion sur une lecture « dynamique » du modèle HOS tout en montrant les limites de l'approche protectionniste traditionnelle et, chaque jour sur le terrain, la réalité du débat entre substituabilité et complémentarité.

Réfléchir à deux fois au protectionnisme antichinois

D'abord, environ deux tiers des exportations chinoises sont à mettre à l'actif non de firmes à capitaux chinois mais de firmes étrangères installées en Chine. Se protéger contre les importations chinoises pénaliserait donc surtout des entreprises européennes, américaines et japonaises. Notamment, en ce qui concerne les entreprises françaises, PSA Peugeot Citroën, Lafarge, Air liquide, Sanofi et autres Schneider, mais aussi des jeunes entreprises de taille plus modeste dans des secteurs de pointe telles la mécanique de précision, les biotechs ou la chimie fine.

Ensuite, le contenu en importations des exportations chinoises est très élevé. Se protéger contre les produits chinois reviendrait donc à se protéger contre les productions de toute l'Asie, y compris le Japon, car la Chine est encore surtout un centre d'assemblage des productions asiatiques. Une étude publiée en janvier 2011 par la Banque asiatique de développement montre, exemples à l'appui, combien le concept de « pays d'origine », comme nous venons de le souligner, a perdu en pertinence. Ainsi, dans les statistiques du commerce international, la Chine encaisse officiellement 179 dollars pour chaque iPhone vendu alors qu'elle n'assume que la dernière étape de la fabrication, autrement dit l'assemblage. Si on ne comptabilisait que cette dernière étape, la valeur se limiterait à 6,50 dollars soit moins de 4 % tandis que le Japon en récupérerait 34 %, l'Allemagne 17 %, la Corée du Sud 13 %, les États-Unis 6 %, le solde étant réparti entre différents pays. Le contenu en importations des exportations chinoises d'informatique grimpe ainsi à 95 %, 85 % pour les équipements de télécoms, 78 % pour les composants électroniques, 63 % pour le matériel électrique ou 50 % pour la chimie[1]... C'est dire si la chaîne de valeur est désormais éparpillée aux quatre coins de la planète, façon puzzle... Une parfaite illustration de notre réflexion sur la difficulté à prendre des mesures efficaces de protection d'un secteur.

1. Sources : NBER, calculs Natixis.

Enfin, le cas chinois illustre aussi parfaitement les limites de l'approche « classique » (substituabilité, absence de rétorsion…). Se protéger en Europe par des droits de douane contre les produits chinois n'a en effet de sens que s'il est possible de substituer des produits domestiques européens aux produits importés de Chine (dans le cas contraire la création de droits de douane ne fait que renchérir le prix des produits importés). Les chiffres de la balance commerciale entre la Chine et l'UE à 27 au cours de la dernière décennie montrent d'ailleurs que la forte appréciation réelle du change de la Chine par rapport à l'Union européenne n'a pas freiné les importations européennes ni la dégradation de la balance commerciale de l'UE par rapport à son partenaire chinois : la substituabilité entre produits chinois et européens est en réalité très faible. Quand on ne fabrique plus les produits que l'on a pris l'habitude d'importer, il n'y a pas de solution de rechange, sauf à renoncer à les consommer. Adieu hi-fi, mobiles, vélos et même livres de nos chères têtes blondes !

L'autre condition pour que les droits de douane imposés par l'Europe sur les importations en provenance de Chine soient efficaces est que de telles mesures n'incitent pas Pékin à réduire à son tour ses importations en provenance d'Europe, dans la plus pure tradition des mesures de rétorsion commerciale. Pour le moment, les exportations européennes à destination de l'empire du Milieu sont modestes (environ

270 milliards d'euros pour l'Union européenne à 27 en 2010). Mais elles devraient augmenter rapidement grâce au dynamisme de la croissance chinoise. Faut-il alors se priver du potentiel des marchés émergents au moment même où nous pouvons espérer entrer dans une nouvelle phase de la mondialisation plus favorable aux pays de l'OCDE ?

En retard d'une guerre ?

Il ne faudrait pas être une fois de plus en retard d'une guerre en hérissant nos frontières de protections diverses au moment même où les économies émergentes vont commencer à perdre leur avantage compétitif. Or, c'est bien ce qui se prépare aujourd'hui, et peut-être plus vite qu'on ne le croit généralement, avec la montée rapide des prix et des coûts dans ces pays. En 2011, les prix des produits importés depuis les pays émergents représentent en moyenne 58 % du prix de leurs équivalents américains ou européens lorsque ceux-ci existent. Mais le rattrapage est rapide. Dans l'ensemble des pays émergents (y compris Russie et Opep) apparaissent des tensions sur le marché du travail tandis que, dans certains pays comme la Chine, les hausses de salaires annuelles de 15 % à 30 % en fonction des régions et des secteurs sont décidées par le gouvernement pour soutenir la demande intérieure. Ainsi, le salaire de base d'un salarié de Foxconn, géant mondial de la sous-traitance électronique et premier employeur privé de l'empire du Milieu, est passé de 900 yuans (97 euros) en mai 2010 à 2 000 yuans (217 euros) en août 2011. Le groupe qui assemble l'iPad, les téléphones d'Apple et de Nokia et produit pour de grandes marques d'informatique comme Dell est en effet confronté à une hausse sans précédent des salaires ouvriers et réagit d'ailleurs en délocalisant une partie de sa production vers le centre du pays, dans les provinces du Henan et du Sichuan, où le salaire minimal est encore inférieur d'un tiers environ à celui imposé dans les régions côtières. Il a également décidé fin juillet 2011 de remplacer en trois ans quelque 500 000 de ses salariés par des robots. Officiellement, « pour faire grimper ses travailleurs [...] plus haut sur la chaîne de la valeur ajoutée », à en croire le patron, Terry Gou, à l'occasion d'une « célébration des employés », une manifestation censée redonner « motivation professionnelle » et « joie de vivre » aux salariés de l'entreprise.

Dans les pays émergents pris dans leur ensemble, les coûts unitaires de production augmentent de 9 % l'an en moyenne et, avec l'effet change, il faut compter sur une augmentation d'environ 15 % de leurs prix en dollars ou en euros. Autant dire qu'à l'horizon 2015 leur avantage compétitif sera largement émoussé. Au rythme actuel, il pourrait avoir quasiment disparu d'ici à six petites années. C'est beaucoup, si l'on songe aux difficultés rencontrées ici et maintenant par les salariés des pays développés, et c'est peu, si l'on veut bien considérer les avantages que les industriels occidentaux peuvent en espérer. On peut notamment imaginer que cette évolution va freiner la conquête des marchés mondiaux par les pays émergents et pour le moins ralentir les transferts de capacités de production vers le sud et l'est. En outre, l'augmentation du pouvoir d'achat des familles chinoises, brésiliennes ou russes devrait faire éclore dans ces pays des marchés de taille XXL et en croissance rapide pour les entreprises occidentales. Il s'agit d'une rupture importante qui va modifier sensiblement la manière dont les Occidentaux doivent percevoir la mondialisation. Faut-il que les pays occidentaux se privent de ces débouchés ? Sortir de la globalisation aujourd'hui reviendrait à en avoir payé le prix fort tout en se privant de ses avantages futurs. On comprendra qu'un plaidoyer pour la patience puisse paraître un peu court (si l'on peut dire) à ceux qui souffrent des méfaits d'une mondialisation qu'ils considèrent comme « sauvage ». Mais l'évolution de la donne mondiale est une ligne d'horizon qu'il faut avoir en tête pour réfléchir à l'avenir.

Pour autant, il ne s'agit pas d'attendre l'arme au pied que la mondialisation modifie ses contours. Encore faut-il ne pas être naïf. Or, l'Europe a toujours fait preuve d'un zèle libre-échangiste de moins en moins compatible avec l'évolution des relations commerciales internationales et rien ne serait pire que de refuser de débattre de la question de la réciprocité dans les échanges commerciaux et du degré (et du cadre) souhaitable de libéralisation du commerce.

Mais sortir de la jungle du libre-échange ne signifie pas pour autant retourner au bon vieux protectionnisme de papa. Faire le choix d'une « démondialisation » radicale en 2012 serait tout aussi chimérique que la pseudo-rupture avec le capitalisme de 1981. Le principal moteur de la sortie de récession depuis 2010 ne fut-il pas le refus du protectionnisme des grandes puissances et la reprise du commerce mondial, ce qui a permis de tuer dans l'œuf une spirale déflationniste qui aurait pu être aussi ravageuse que celle des années 1930 au cours desquelles les échanges mondiaux furent réduits des trois quarts avec les conséquences économiques, politiques et sociales que l'on sait ? Il faut éviter à tout prix un repli désordonné des nations sur elles-mêmes, car la thèse de la préférence nationale appliquée à l'économie risque d'être non seulement économiquement inefficace mais politiquement dangereuse. Les outrances des prophètes de la « démondialisation heureuse » laissent redouter les mêmes sottises que celles proférées en leur temps par les gourous de la « mondialisation heureuse » et peuvent susciter elles aussi bien des dégâts dans l'opinion.

Dans le climat actuel, la tentation est grande de renoncer à imaginer des solutions collectives de progrès et de cultiver au contraire le repli sur soi, au plan individuel comme au plan des nations. Du pain bénit pour le populisme, cette « nouvelle pathologie historique de la démocratie », selon la formule de Pierre Rosanvallon[1]. C'est pourquoi il faut refuser clairement de se situer du côté de ce protectionnisme qui flatte les passions françaises mais nous conduirait tout droit au déclin accéléré de l'Europe et de nos industries. Symptôme d'une détresse économique et sociale réelle, la thèse de la « démondialisation » est aussi l'expression d'une illusion. Plutôt que de prétendre inscrire le monde dans nos vieilles lunes défensives, mieux vaut se donner les moyens de penser la mondialisation pour la mettre au service du bien-être et de la liberté du plus grand nombre, au nord comme au sud. Et d'abord d'une Europe forte et solidaire qui défendrait sa place dans la nouvelle économie mondiale. En préfaçant une nouvelle édition des *Mémoires* de Raymond Aron[2], l'économiste et historien Nicolas Baverez rappelle opportunément : « La mondialisation n'est ni bienheureuse ni satanique. Elle constitue une configuration historique inédite dont les démocraties doivent trouver la clé pour valoriser le potentiel considérable de progrès qu'elle recèle et maîtriser les risques qu'elle comporte. » Voter pour l'avenir, ce n'est certainement pas voter pour la « démondialisation » mais plutôt, à

1. Voir à ce sujet sa « leçon inaugurale » prononcée lors de l'ouverture des XXVIe Rencontres de Pétrarque organisées le 18 juillet 2011 à Montpellier par France culture et *le Monde*.

2. Raymond Aron, *Mémoires*, Robert Laffont, coll. « Bouquins », 2010.

l'instar de l'Allemagne, de la Suède ou du Canada, décréter la mobilisation générale afin d'imaginer un modèle national susceptible de préserver les intérêts de la nation dans la mondialisation. Un modèle dont le rayonnement et la prospérité supposent une nouvelle ambition industrielle. Votons donc plutôt pour la (ré)industrialisation !

Chapitre 5

« L'idée d'une France sans usines et sans ouvriers est une idée folle »

« L'idée d'une France sans usines et sans ouvriers est une idée folle ! » Devant le Congrès réuni à Versailles en ce mois de juin 2009, le président de la République, Nicolas Sarkozy, était venu dire aux élus son refus de s'y résigner, persuadé, dira-t-il, que l'avenir de la France va se jouer « sur la place que nous allons donner à la production et au travail dans notre nouveau modèle de croissance ». À quelques centaines de kilomètres de là, à Saint-Étienne, Elizabeth Ducottet, P-DG de Thuasne, leader européen du textile médical, se sent ragaillardie par la parole présidentielle. Dans un secteur, le textile, difficile et que beaucoup ont tendance à considérer comme perdu pour la France, elle a fait du maintien de l'industrie en France un combat quotidien. « De nombreuses activités dans le textile ont été supprimées avant qu'aient été épuisées toutes les réflexions sur un avenir possible. Nous avons souvent manqué de courage, de vision. Il existe encore un magnifique tissu de textiliens en France comme en Europe [...]. Il faut se battre et aller encore plus loin dans l'innovation produit, le marketing et la recherche de la productivité[1]. » Et les résultats sont au rendez-vous. Grâce à une stratégie fondée sur l'innovation (le groupe consacre 7 % de son chiffre d'affaires à la recherche), Thuasne se développe sur le textile médical, un créneau à forte valeur ajoutée. En 2011, l'entreprise a poursuivi son développement international en rachetant la petite californienne Townsend Design, spécialiste des orthèses du genou en aluminium, titanium et fibre de carbone. Toujours sur la brèche, le centre de R&D de la firme stéphanoise travaille en étroite collaboration avec d'autres industriels et chercheurs du Réseau industriel national d'innovation du textile et de l'habillement, est actif au sein des pôles de compétitivité régionaux Techtera (textiles techniques), Sporaltec (sports et loisirs) et Minatec (nanotechnologies). Preuve que la stratégie industrielle fondée sur la R&D et la montée en gamme n'est pas réservée à quelques segments bien choisis de la *high-tech*, mais est au contraire, pour toutes les entreprises dans tous les secteurs sans exception, la condition première du développement comme maintien d'un tissu

1. *Les Cahiers Ernst & Young*, n° 12, « Le partage, un nouveau modèle ? », p. 48.

industriel performant et créateur de richesses dans l'Hexagone. Une évidence dont Elizabeth Ducottet, arrière-arrière-petite-fille du fondateur de Thuasne, est convaincue mais qui mérite encore de faire son chemin, au moment où la question de la réindustrialisation est plus que jamais d'actualité.

Intuitivement, pas besoin d'être grand clerc pour entrevoir qu'un tel processus ne va toutefois pas de soi. D'où la question préalable : a-t-on déjà observé des réindustrialisations réussies dans les pays de l'OCDE ? Un recensement minutieux oblige à reconnaître que les exemples ne sont pas légion. Tous ont plus ou moins pioché dans la boîte à outils classique de la réindustrialisation : baisse des coûts salariaux dans l'industrie ou dépréciation du change (États-Unis, Japon, Suède), effort d'innovation (États-Unis, Japon, Suède), d'éducation supérieure (États-Unis, Canada, Suède et, dans une moindre mesure, Royaume-Uni), de montée en gamme (Japon, Suède), politiques publiques ciblées, à partir soit de commandes publiques, notamment militaires (États-Unis, Royaume-Uni), soit d'aides publiques à l'industrie (États-Unis, Suède, Australie, Japon), soit d'une baisse de la pression fiscale (Suède), sans oublier les politiques monétaires favorables à l'investissement (partout sauf au Japon). Pour autant, mesurés à l'aune de l'évolution de l'emploi et de la valeur ajoutée de l'industrie manufacturière et de la balance commerciale pour les produits manufacturés, les chiffres sont cruels : on observe une réindustrialisation ou au moins une sauvegarde des positions industrielles dans deux pays seulement, la Suède et le Japon. Le cas suédois, en particulier, est quasiment un cas d'école qui mérite que l'on s'y attarde un instant.

LA SUÈDE « *ROCK STAR* » DE LA CRISE

Le « modèle suédois » rencontre ses premières difficultés dans les années 1990. La crise, visible notamment à travers une hausse spectaculaire du chômage et un déficit public qui atteint 16 % du PIB en 1993, impose plusieurs réformes douloureuses : coupes budgétaires sauvages dans les dépenses publiques, baisse des taux d'indemnisation de la protection sociale, ouverture du service public aux acteurs privés, flexibilisation du marché du travail et réforme des retraites.

Le gouvernement suédois a utilisé pratiquement tous les leviers possibles. Les coûts salariaux dans le secteur manufacturier se sont mis à baisser à partir de 1993 puis ils ont été contenus jusqu'à la crise de 2008 où ils ont commencé à remonter légèrement. Le taux de change effectif réel de la couronne suédoise n'a cessé de baisser lui aussi depuis quinze ans, apportant sans conteste sa pierre à la réindustrialisation du pays. L'industrie suédoise a par ailleurs intensifié son effort pour préserver ses positions et monter en gamme. Avec 3,75 % de PIB investis dans la R&D et 115 brevets triadiques par million d'habitants, le pays occupe le premier rang des grands pays de l'OCDE, une tête devant le Japon. Et, avec près de 16 000 dollars[1], les dépenses d'éducation par étudiant situent le pays certes derrière les États-Unis (20 500 dollars) mais sur un investissement d'avenir pratiquement deux fois supérieur à la moyenne de la zone euro (8 500 dollars). Enfin, la pression fiscale – l'une des plus élevées du monde au début des années 1990 – a été très sensiblement réduite, avec notamment un poids des charges sociales rapporté au PIB divisé par deux (de près de 15 % de PIB en 1990 à un peu plus de 8 % aujourd'hui).

Cette thérapie de choc s'est révélée particulièrement féconde : en 2010, le taux de croissance de l'économie suédoise a atteint +5,5 %, un chiffre digne d'un pays émergent. La dette a été ramenée à 40 % du PIB et la Suède affichera en 2011 un budget en excédent. Des chiffres qui lui ont valu le surnom de « *rock star* de la crise » décerné en juillet 2011 par le *Washington Post*, tandis qu'au même moment Anders Borg le ministre suédois des Finances, boucle d'oreille et catogan, était lui aussi accueilli, à la descente de son vélo, comme une *rock star* aux Rencontres économiques d'Aix-en-Provence, le Davos français ! Les confidences de l'ancien guitariste punk, né en… 1968, sur la dernière recette suédoise ont fait un tabac : une politique fiscale forte, des

1. Chiffres 2008, en équivalents US $ convertis sur la base des parités de pouvoir d'achat.

réformes structurelles obstinées et une maîtrise des finances publiques. En gros, tout le contraire de ce qu'ont fait ses petits camarades européens depuis dix ans ! Cela valait bien une ovation. Le cas suédois est, il faut bien le dire, relativement atypique. Il apporte aussi deux enseignements aussi précieux l'un que l'autre.

D'abord, il démontre en creux, s'il en était besoin, que la réindustrialisation est certes possible, mais que c'est un art difficile. Les autres tentatives (à l'exception de celle menée par le Japon) n'ont d'ailleurs pas été couronnées de succès même si des moyens financiers importants ont parfois été mobilisés. Le cas extrême est sans doute celui de l'ancienne Allemagne de l'Est, un cas où les dépenses publiques mobilisées pour reconstruire l'économie, et en particulier l'industrie locale, ont dépassé les 100 milliards d'euros. Sans succès probant.

La comparaison franco-suédoise depuis la création de l'euro offre surtout un autre sujet de réflexion intéressant en tordant le cou à la conviction qui voudrait que les causes fondamentales des difficultés économiques rencontrées par la France soient l'euro (sa surévaluation) et la mondialisation (les délocalisations, l'absence de protection contre la concurrence des produits en provenance des pays émergents). La Suède, on le sait, fait partie de l'Union européenne depuis 1995 mais a toujours refusé d'entrer dans la zone euro. La situation économique enviable de la Suède vient-elle de son indépendance monétaire, d'une moindre ouverture de ses frontières aux produits des pays émergents ?

Une radioscopie attentive des performances comparées de la France et de la Suède ne confirme pas du tout ces pistes. Si le taux de change effectif réel de la Suède s'est déprécié de 15 % par rapport à celui de la France depuis 1999, cela n'est pas dû à l'évolution de la parité couronne/euro restée pratiquement stable sur la période mais plutôt à l'évolution des coûts salariaux unitaires qui, on l'a vu, ont été dans un premier temps sérieusement réduits avant d'augmenter moins vite en Suède qu'en France. Quant à la mondialisation, l'évolution de la balance commerciale suédoise vis-à-vis des pays émergents (plus déficitaire que la balance française) comme les délocalisations (plus importantes) montrent que ce pays ne s'est pas particulièrement protégé de la globalisation des échanges. En revanche, on observe très clairement qu'en matière de dépenses de R&D (3,6 % du PIB pour la Suède, 2,2 % du PIB pour la France[1]), d'investissement des entreprises (12 % du PIB en volume pour la Suède, 10 % pour la France), de qualification de la population active (un actif suédois sur trois est diplômé de l'enseignement supérieur, un actif français sur quatre), de fiscalité (des charges sociales de 8 % du PIB en Suède, de 18 % en France), de productivité (en dix

1. *Main Science and Technology Indicators 2010* (chiffres 2009), OCDE.

ans, celle-ci a augmenté de plus de 15 % en Suède, deux fois plus que dans l'Hexagone) le bilan est sans appel pour notre pays. Ce ne sont finalement ni l'euro ni la mondialisation qui pénalisent la France par rapport à la Suède mais bien l'insuffisance d'innovation et de qualification de la main-d'œuvre comme l'insuffisance des profits des entreprises qui réduit leur capacité d'investissement, sans oublier une fiscalité défavorable à l'emploi. Dès lors, ne resterait-il plus qu'à prendre les bonnes décisions de politique économique pour requinquer notre industrie ?

La France dispose encore des avantages comparatifs d'un pays industriel

On l'a dit et répété, dans une union monétaire, il est tout à fait normal de voir se mettre en place des spécialisations productives différentes, et vouloir à tout prix faire converger toutes les économies de la zone vers un seul et même modèle n'aurait aucun sens. Non ! Toutes les économies de la zone euro ne doivent pas finir par ressembler à l'économie allemande ! Pour autant, si l'on raisonne en termes d'efficacité économique, y compris en ce qui concerne l'efficacité globale de la zone euro, il n'est pas interdit de se demander si une réindustrialisation de l'économie française aurait du sens, pour l'économie française elle-même et pour l'ensemble de la zone.

La Grèce, le Portugal ou l'Espagne sont trois pays qui, depuis longtemps, ont pris du retard en ce qui concerne l'investissement dans la R&D, l'innovation, l'éducation supérieure. Ils se situent à la périphérie de l'union monétaire et ne disposent ni de grandes infrastructures ni des moyens de produire une énergie bon marché nécessaire à tout effort industriel soutenu. Dans ce cas, si on raisonne en termes d'avantages comparatifs, la question de la pertinence d'une réindustrialisation est légitime. Pour la prospérité à venir de ces pays, et singulièrement celle de la Grèce qui occupe actuellement les esprits, on peut penser que c'est à la zone euro qu'il revient d'assumer la responsabilité de conserver en son sein des économies durablement spécialisées dans les services.

La situation française est très différente. Certes, on l'a dit, les caractéristiques de l'économie française penchent de plus en plus dangereusement du côté de celles du sud plutôt que du nord de l'Europe. Mais une analyse des avantages comparatifs et des dotations factorielles de différents pays européens montre qu'il n'y a pas de fatalité économique à voir l'économie hexagonale se transformer en économie de services.

Dans une union monétaire, la disparition du risque de change implique que les pays peuvent se spécialiser en fonction de leurs avantages comparatifs, de leurs dotations en facteurs de production. Dès lors, la désindustrialisation doit logiquement affecter les pays qui présentent un certain nombre de caractéristiques précises : faible niveau de qualification de la population active, capital par tête accumulé faible, effort d'innovation trop réduit, infrastructures de transport insuffisantes, prix de l'énergie élevé et géographie défavorable à l'industrie. Or, sur tous ces fronts, la France paraît encore en situation de défendre ses chances dans la bataille industrielle.

L'industrie requiert en effet un certain niveau de qualification de la population active et un nombre suffisant de diplômés dans les matières scientifiques (maths, physiques, sciences de l'ingénieur, biologie, etc.), deux fronts sur lesquels la France, sans se situer au niveau allemand, se défend honorablement par rapport aux pays du Sud ; 41 % de la population active française affiche un niveau d'éducation correspondant au « 2e cycle du secondaire et postsecondaire non tertiaire[1] » et 29 % sont diplômés du supérieur. Des chiffres à rapprocher des situations italienne (40 % et 15 %), espagnole (22 % et 30 %) et portugaise (15 % et 15 %), nettement moins favorables. Au Portugal, en effet, près de trois actifs sur quatre ont un niveau de formation inférieur au 2e cycle du secondaire[2]. Quant à la répartition des diplômés universitaires selon leur domaine d'études, avec près de 15 % d'étudiants inscrits en sciences, la France fait beaucoup mieux que

1. Conformément à la classification OCDE.
2. Chiffres issus de *Regards sur l'éducation 2011*, OCDE.

l'Espagne (10,5 %) ou l'Italie (7,7 %)[1]. L'industrie, par définition intensive en capital, requiert aussi une certaine capacité à épargner pour accumuler du capital, et, de fait, avec près de 160 000 dollars par tête en volume, le capital net des entreprises françaises est aussi élevé que celui des firmes allemandes ou italiennes, loin devant la Grèce, le Portugal ou l'Espagne. En outre, nous avons déjà eu l'occasion de le préciser (voir chapitre 2), l'effort d'innovation n'est pas – avec 2,2 % du PIB de dépenses de R&D totales[2] – anormalement faible en France comme il peut l'être en Espagne (1,38 % du PIB), au Portugal (1,38 % du PIB), en Italie (1,27 % du PIB) ou en Grèce (0,58 % du PIB[3]). Quant aux infrastructures de transport et au prix de l'énergie, la comparaison n'est pas moins favorable à l'Hexagone. Une énergie bon marché est évidemment favorable à l'industrie, et dans l'avenir on peut estimer que, de ce point de vue, les pays qui se reposeront sur les énergies chères seront pénalisés. Avec un prix de l'électricité de 0,09 dollar au kWh pour son industrie, la France est la « mieux-disante » en la matière parmi l'ensemble des grands pays européens. Si la comparaison des avantages comparatifs et des dotations en facteurs de production au niveau européen explique donc clairement pourquoi l'Allemagne

1. *Ibid.*
2. Chiffre 2009.
3. Chiffre 2008.

est spécialisée dans l'industrie et pourquoi les pays du Sud (Espagne, Grèce, Portugal et, dans une moindre mesure, l'Italie) sont désindustrialisés, elle n'explique pas du tout la désindustrialisation française.

Cela nous amène à deux conclusions. La première est que les causes de la désindustrialisation à la française sont sans doute d'une autre nature (mauvaises décisions de politiques économiques associées à un fonctionnement non optimal des structures économiques). La seconde est qu'il n'est pas trop tard pour inverser la tendance. Dès lors, il ne reste plus qu'à faire le tri entre les bonnes et les mauvaises pistes à emprunter pour stopper le déclin industriel français.

La baisse des salaires, une fausse bonne idée ?

La première piste qui vient immédiatement à l'esprit est bien sûr celle de l'amélioration de la compétitivité-coût. Lorsqu'un pays perd des emplois industriels, affiche un déficit extérieur et surtout est confronté à un problème de compétitivité, on lui conseille en général de dévaluer, s'il en a la liberté, ou, s'il appartient à une union monétaire, de procéder à une dépréciation réelle en s'attaquant sans faiblir aux coûts salariaux. Dans une union monétaire, puisque les taux de change ne peuvent varier, les ajustements des taux de change réels doivent se faire par les coûts salariaux puisque la productivité, elle, ne peut s'améliorer que très lentement. Le traitement de choc est régulièrement (et chaudement) recommandé par les instances européennes (la Banque centrale européenne en particulier) et aussi par Berlin au motif qu'il a particulièrement réussi... outre-Rhin.

Le débat n'est pas tout à fait tranché sur la question de savoir s'il s'agit des effets d'une politique volontariste de restauration de la compétitivité ou d'un ajustement à la baisse des salaires dû à la montée du chômage, dans la pure tradition de la courbe de Phillips, mais le résultat est là : à partir de 2006, le freinage des coûts salariaux a en effet permis à l'Allemagne de réaliser de remarquables performances à l'exportation (en volume, celles-ci ont plus que doublé en dix ans), de défendre des parts de marché importantes (10 % des exportations mondiales en valeur, hors Russie et Opep), d'afficher un excédent extérieur que le monde entier lui envie et surtout, le point qui nous occupe, de préserver son industrie (près de 19 % de l'emploi total et vingt points de PIB de valeur ajoutée). De quoi légitimer cent fois le discours officiel entendu à Berlin : tous les Allemands ont montré l'exemple en consentant un effort souvent douloureux afin de participer au redressement économique du pays et, *in fine*, à la prospérité de l'Europe, il est normal qu'ils attendent le même effort de la part de leurs partenaires. Faut-il le rappeler ? Pendant que l'Allemagne taillait sans pitié dans les coûts salariaux, les pays du sud[1] de la zone euro toléraient une forte dérive de leurs coûts salariaux unitaires par rapport à leurs voisins du Nord[2]. Depuis 1999, le coût salarial unitaire a en effet augmenté d'environ 34 % au sud pour seulement 12 % au nord. Avec un record pour le Portugal (plus de 40 %) devant l'Espagne et l'Italie et la France (plus de 25 %).

Le blocage – voire la baisse – des salaires est-il pour autant aujourd'hui une si bonne idée ? La question mérite d'être posée, car il n'est pas certain que la stratégie de réduction des coûts mise en place en Allemagne puisse être tout simplement répliquée dans des pays où le poids de l'industrie est devenu faible, comme la France, l'Espagne ou la Grèce. En tout cas, pas par le truchement de la baisse des salaires. Lorsqu'on aborde le débat sur la compétitivité-coût, il faut en effet introduire une nuance qui a son importance, une nuance qui tient en deux petits mots familiers des économistes : parle-t-on *ex ante* ou *ex post* ? Autrement dit, réfléchit-on à une situation où il s'agit de préserver une industrie encore robuste et pimpante ou à une situation où celle-ci a déjà été largement affaiblie par la concurrence internationale ?

1. Par pays du sud de la zone euro, nous entendons ici l'Espagne, la France, la Grèce, l'Irlande, l'Italie et le Portugal.

2. Par pays du nord de la zone euro, nous entendons ici l'Allemagne, l'Autriche, la Belgique, la Finlande et les Pays-Bas.

Une stratégie « à l'allemande » de freinage des salaires peut en effet être parfaitement inefficace et même dangereuse dans le cas d'une économie où les services dominent (ce qui est déjà le cas en Grèce, en Espagne et, dans une moindre mesure, aux États-Unis ou en France), car la réduction du pouvoir d'achat des ménages risque alors de peser plus que de raison sur la consommation de services, donc sur leur production, enclenchant ainsi une perte de croissance plus importante que les gains que l'on pourrait espérer de la production industrielle une fois qu'une part non négligeable des capacités de production a été transférée à l'étranger.

Le cas espagnol est, de ce point de vue, assez édifiant. Depuis 2008, le salaire nominal et le coût salarial unitaire ont commencé par ralentir avant de s'orienter franchement à la baisse. Le mouvement s'est accompagné d'un certain redémarrage de l'industrie (après s'être littéralement effondrée au plus fort de la crise, l'évolution de la valeur ajoutée manufacturière a retrouvé à la fin 2010 un taux de progression comparable à celui d'avant 2007) mais aussi d'un affaiblissement des autres secteurs, ce qui – compte tenu du poids très élevé désormais représenté par les services dans l'économie espagnole – n'a pas empêché l'emploi total de continuer à reculer et le chômage de poursuivre sa fuite en avant. CQFD.

En fait, dès lors que le poids de l'industrie est devenu faible et que certaines capacités de production ont été transférées à l'étranger, une baisse des coûts de production n'a plus beaucoup d'effets sur les exportations. En revanche, elle a toutes les chances d'accroître le prix des importations, effet qui peut dominer l'amélioration du commerce extérieur en volume. L'analyse économétrique montre une élasticité totale du commerce extérieur en volume au taux de change réel de 0,86 en France et de 0,78 en Espagne, ce qui n'est pas négligeable ; de 0,45 en Grèce, ce qui est très faible. Pour un pays comme la France, l'efficacité de l'ajustement par le coût du travail, et plus précisément par la baisse des salaires, n'est pas encore négligeable, mais ne doit pas être surestimée. Surtout, il ne faut pas se cacher que, même si la manœuvre peut faire réapparaître à moyen terme des emplois industriels, son coût social a toutes les chances d'être considérable dans des pays où le taux de chômage est déjà très élevé (8 % en Italie, plus de 9 % en France, 12 % au Portugal, 14 % en Irlande, 16 % en Grèce, 21 % en Espagne). En outre, il n'est pas inutile de rappeler que la généralisation d'un modèle où les salaires stagnent et où les gains de productivité ne sont pas distribués aux salariés est fondamentalement un modèle dangereux pour la croissance.

L'urgence de la réforme fiscale

En France, il existe toutefois une autre variable essentielle susceptible de favoriser l'amélioration de la compétitivité-coût, c'est évidemment le poids des charges sociales. Une anomalie qui nous coûte cher en termes de compétitivité. Tous les travaux de recherche sans exception arrivent depuis des lustres à la même conclusion : le niveau élevé des cotisations sociales (environ 320 milliards d'euros par an) décourage l'emploi, en particulier l'emploi des jeunes, freine l'investissement et compromet la croissance potentielle. Il faut donc en finir avec des charges sociales trop élevées. La réindustrialisation de l'économie française passe par la réforme fiscale, car l'allègement des charges sociales sur les bas salaires n'est pas suffisamment efficace, d'autant qu'il profite essentiellement aux emplois moins exposés que les emplois industriels à la concurrence internationale. Voilà pourquoi une réforme du financement de la protection sociale constitue la priorité absolue pour encourager la création d'emplois qualifiés dans l'industrie.

L'idée de substituer la TVA aux cotisations sociales pour financer une partie de la protection sociale n'est pas dénuée de sens : la TVA taxe la consommation, et la substitution de la TVA aux cotisations sociales correspond bien à une baisse de la taxation des revenus du travail et à une augmentation des revenus du capital puisque les deux formes de revenus sont consommées. Toutefois, dès lors que la propension à épargner les revenus du capital est plus élevée que la propension à épargner les revenus du travail, il nous paraîtrait plus efficace de substituer aux cotisations sociales un impôt touchant uniformément tous les revenus (autrement dit la CSG[1]) plutôt que la TVA afin de transférer une partie de ce financement sur les revenus du capital. Il faut que la CSG devienne tout simplement universelle.

Cette substitution de la CSG aux charges sociales aurait aussi un effet redistributif. On déplore souvent qu'en France la pression fiscale directe sur les ménages soit décroissante avec le revenu, une anomalie liée au poids des revenus du capital dans les très hauts revenus et des « niches » fiscales dont ils bénéficient. Pour corriger cette anomalie, on peut évidemment imaginer éliminer ces fameuses « niches ». Le mouvement a été amorcé, mais il promet d'être long et, surtout, sans fin, car les niches ont une fâcheuse tendance à disparaître ici pour mieux renaître là… On pourrait aussi augmenter le taux marginal de l'impôt sur le revenu, mais on en connaît les risques associés : inciter les salariés les plus qualifiés à migrer vers d'autres cieux. Voilà pourquoi la création d'une CSG vraiment universelle nous paraîtrait à la fois efficace et légitime. Il est loin d'être absurde, en effet, de faire le distinguo entre les dépenses de protection sociale qui relèvent de l'assurance (retraite, maladie classique, accidents du travail, chômage) et doivent donc être financées par des cotisations sociales payées sur les salaires et celles qui relèvent de la solidarité (dépendance, prestations

1. Actuellement, l'ensemble CSG + CRDS représente moins de 90 milliards d'euros.

familiales, maladies graves, affections de longue durée, minimum vieillesse...) financées par une taxation de l'ensemble des revenus.

Le remplacement, pour financer la solidarité, des charges sociales actuelles par la CSG, c'est-à-dire une taxation uniforme de l'ensemble des revenus sans exception, serait un signal fort adressé aux entrepreneurs, français et étrangers, et une bonne nouvelle pour l'emploi et le pouvoir d'achat. Une telle réforme n'est pas si compliquée à mettre en place. Le gouvernement peut la décider du jour au lendemain et mettre ainsi en œuvre une première solution à l'un des handicaps majeurs à la réindustrialisation.

Les pouvoirs publics n'en auront pas pour autant fini avec la fiscalité. Si l'on veut préserver et mieux encore développer notre industrie et attirer les investisseurs tant français qu'étrangers, il est indispensable de soigner une fiscalité – et plus largement un « environnement » – plus « *business friendly* ». Pour améliorer les conditions faites aux entreprises, ce ne sont pas les idées qui manquent ! Depuis l'incitation à investir dans le capital des PME (y compris pour les investisseurs institutionnels comme les sociétés d'assurance vie, ce qui n'est pas du tout le sens pris par l'orientation récente de leur réglementation), jusqu'à l'incitation à l'embauche pour les entreprises de taille moyenne et pas seulement pour les très petites (TPE).

Il faut aussi éviter à tout prix que les PME en croissance rapide disparaissent prématurément parce qu'elles sont, comme on l'a vu, rachetées par de grands groupes avant d'être « digérées » par les superstructures (13 % des entreprises françaises de 10 à 49 salariés disparaissent chaque année). En France, le débat se focalise facilement sur la délocalisation des grandes fortunes. Vaut-il mieux, pour l'avenir de l'économie française, se battre pour dissuader nos milliardaires de succomber à la tentation de Coblence ou donner la priorité aux patrons de PME en forte croissance afin de les dissuader par tous les moyens de vendre leur entreprise à plus gros qu'eux avant de finir par aller s'installer en Belgique ou en Suisse ? La réponse est dans la question ! De même, il faut donner aux chercheurs de haut niveau les salaires et les moyens susceptibles de leur faire passer l'envie de s'expatrier chaque matin au moment de rejoindre leur labo. Autant de pistes qui participent d'une ardente obligation plus large : remettre à l'honneur en France toute une culture de l'innovation, de la science et des techniques. En dix ans, les inscriptions en première année universitaire dans les cursus scientifique ont diminué de 40 % en dépit d'une série S prééminente en fin de lycée. La recherche fondamentale en sciences dures est particulièrement touchée. Pourtant, « confrontée à de grands défis – ressources en eau, énergie et alimentation, réchauffement climatique, développement durable –, la société du XXIe siècle aura plus que jamais besoin de scientifiques », comme le soulignait à la fin 2010 une pétition intitulée précisément *La France a besoin de scientifiques* et signée par de nombreux chercheurs et institutions. À une époque où les progrès des sciences et les innovations technologiques constituent les facteurs essentiels du changement qui affecte notre environnement, notre monde, nos vies, mais où en même temps les risques associés à la science sont de plus en plus présents, il est plus que jamais indispensable de nourrir le débat démocratique sur tous ces sujets. Car, on l'a dit (voir chapitre 2), il ne peut y avoir de réindustrialisation sans acceptabilité sociale de l'industrie. Le coût de l'énergie, par exemple, est un point central dès lors que l'on souhaite maintenir une activité industrielle. Dès lors, il est impossible de faire l'impasse sur la question des risques associés (nucléaire, gaz de schiste, usines chimiques, etc.). En matière d'électricité pour l'industrie, la France reste l'un des pays les moins chers du monde (0,09 dollar/kWh contre 0,13 au Royaume-Uni, 0,15 en Allemagne, 0,28 au Japon). Mais cet avantage comparatif peut à tout moment être remis en cause par de nouveaux choix collectifs. Le débat doit avoir lieu en toute transparence. La conscience des limites du savoir justifie plus que jamais la mobilisation de tous, citoyens et dirigeants, pour prendre en main leur destin et celui de leur pays. Une mobilisation très féconde dès lors qu'elle fait appel non aux passions, surtout si celles-ci sont « tristes », pour parler comme Spinoza, mais à la raison !

Agir sur l'environnement économique ou privilégier la politique industrielle ?

Un autre genre de débat n'a pas fini d'agiter opinions publiques et dirigeants et ne devrait pas manquer d'alimenter l'empoignade électorale qui s'annonce en France : faut-il réindustrialiser en mettant en place tous les ingrédients d'un environnement favorable à l'industrie ou faut-il opter sans hésitation pour l'interventionnisme pur et dur, autrement dit pour la « politique industrielle », une formule souvent perçue comme magique dans l'inconscient collectif français ? La question est loin d'être franco-française. Pratiquement tous les pays de l'OCDE mettent aujourd'hui en œuvre des politiques visant à réindustrialiser leur économie ou à conserver une industrie solide si tel est encore le cas afin de retrouver un sentier de croissance plus porteur. Reste à savoir comment le faire pour être le plus efficace possible.

L'Allemagne comme le Royaume-Uni privilégient la mise en place d'un environnement économique « *business friendly* », grâce en particulier à une fiscalité favorable aux entreprises associée à une réduction des dépenses publiques. C'est bien ce qu'a fait Berlin depuis le début des années 2000 en diminuant de trois points de PIB les dépenses publiques comme les charges sociales. C'est aussi la piste privilégiée par le gouvernement britannique. Les mesures annoncées en mai 2011 et le plan présenté en juin par le chancelier de l'Échiquier représentent au total 128 milliards de livres d'économies (9 points de PIB) réalisées entre 2010 et 2015, essentiellement via une réduction des dépenses publiques. Un effort sans précédent qui doit permettre d'abaisser les charges sociales ainsi que les impôts sur les entreprises (tout en augmentant les impôts indirects). Ces politiques s'accompagnent le plus souvent d'une politique de flexibilisation du marché du travail et de programmes drastiques de réduction des emplois publics avec, *in fine*, l'idée que la transformation d'emplois publics en emplois privés est efficace puisqu'elle augmente la productivité.

Une autre stratégie privilégiée par les Démocrates américains et aussi par le gouvernement français parie plutôt sur l'interventionnisme étatique. L'État décide de soutenir les secteurs considérés comme stratégiques (aviation, armement, télécoms, électronique) et/ou les entreprises innovantes. C'est l'esprit des dépenses en infrastructures dans les énergies nouvelles (plus de 60 milliards de dollars) décidées par l'administration Obama ou de la mobilisation de 35 milliards d'euros dans le cadre de l'action du Commissariat général à l'investissement lancé en 2010 par le gouvernement français afin de financer de nouveaux programmes d'investissement dans les « secteurs d'avenir[1] ». En

1. Cinq « axes » prioritaires ont été définis : l'enseignement supérieur et la formation (11 milliards d'euros), la recherche (7,9 milliards), les filières industrielles et les PME (6,5 milliards), le développement durable (5,1 milliards) et l'économie numérique (4,5 milliards).

présentant solennellement les premiers progrès d'un programme destiné à améliorer la compétitivité des entreprises françaises, Nicolas Sarkozy a ainsi mis l'accent, fin juin 2011, sur sa volonté de renforcer la recherche et l'enseignement. Quelque 7,7 milliards d'euros seront engagés pour développer des pôles universitaires d'« envergure mondiale » invités à entraîner le reste des universités dans leur sillage. « Chaque site, chaque région doit pouvoir réussir. » Le président de la République a indiqué aussi que 3 milliards d'euros seraient également attribués à une sélection de cent projets de laboratoires d'excellence tandis que six instituts de recherche technologique (aéronautique, ferroviaire, nanotechnologies, matériaux composites...) recevraient 2 milliards. La santé (2,4 milliards d'euros), le programme nucléaire du futur (1 milliard), les énergies renouvelables (1,35 milliard) sont également privilégiés. De la même manière, le gouvernement Fillon a décidé de soutenir les entreprises innovantes via le FSI (21,8 milliards d'euros d'actifs à fin 2010). Présent à hauteur de 13,7 % au capital de France Télécom, le fonds est également actionnaire d'Eiffage, de la Saur, de Vallourec et de Valéo. L'idée étant que l'État doit soutenir la demande dans les secteurs où il souhaite voir émerger une offre compétitive alors que spontanément le marché ne développerait pas les entreprises d'avenir. C'est dire si le débat sur la réindustrialisation de la France et sur ses conditions n'a pas encore jeté ses derniers feux ! L'échéance de mai 2012 devrait en tout cas permettre de clarifier à la fois les aspirations des Français et les projets gouvernementaux.

SANS UN MINIMUM DE FÉDÉRALISME, LA MONNAIE UNIQUE NE RÉSISTERA PAS AUX CRISES SUCCESSIVES

Une autre question devra être tranchée dans les mois et les années qui viennent, celle du rôle, donc de l'avenir, de la zone euro. On l'a dit : la question de l'industrie française ne peut être posée que dans le cadre de l'union monétaire, sauf à soutenir, ce qui n'est pas notre conviction, qu'il faut sortir de l'euro pour réindustrialiser la France. Ce fut la solution choisie en 1992-1993 par l'Espagne et l'Italie lorsque ces deux pays ont quitté le Système monétaire européen, ce qui leur avait permis, à l'époque, de faire repartir leur croissance et de restaurer leur commerce extérieur. Les partisans d'une éventuelle sortie de l'euro brandissent volontiers l'épisode de 1993 en oubliant qu'il existe deux différences essentielles entre ce qui fut la fin du SME et ce que serait celle de l'euro.

D'abord, la disparition du SME ne s'est accompagnée d'aucun coût technique pour la bonne et simple raison que chaque pays avait conservé sa propre monnaie et qu'il n'y avait donc pas lieu de modifier quoi que ce soit en termes de comptabilité ou de systèmes informatiques, par exemple. Ce serait très différent aujourd'hui. Ensuite, dans les années 1990, la sortie du SME avait permis aux pays en difficulté de relâcher la pression sur leurs taux d'intérêt maintenus pendant des années à un niveau artificiellement élevé pour soutenir leurs monnaies par rapport au deutsche Mark, et de laisser ainsi filer leurs devises afin que leurs produits redeviennent compétitifs sur les marchés extérieurs. Or, la problématique est tout autre aujourd'hui. La perte du lien avec l'Allemagne entraînerait au contraire, au moins dans un premier temps, une forte hausse des taux d'intérêt. En outre, on assisterait inévitablement à une rafale de défauts des emprunteurs publics et privés puisque, soit les dettes demeureraient libellées en euros et leur niveau deviendrait insupportable, soit elles basculeraient en monnaie nationale et ce sont leurs taux d'intérêt qui s'envoleraient...

Toutefois, en admettant que la crise actuelle ne finisse pas par prendre un tour politique et social qui conduirait rapidement tel ou tel gouvernement de l'Europe du « Sud » à opter pour la sortie, rien ne serait réglé pour autant. Si l'on oublie un instant la doxa officielle, la situation actuelle de la zone euro révèle bel et bien trois échecs de la monnaie unique qui en réalité menacent son existence même.

D'abord, à partir de 2004, l'euro a été pratiquement continuellement surévalué en termes réels, ce qui a affaibli l'industrie des pays où celle-ci était fragile et accéléré les délocalisations. Ensuite, rien n'a été fait pour empêcher que la forte baisse des taux d'intérêt due à l'entrée dans l'euro de pays qui auparavant avaient des taux d'intérêt élevés ne débouche sur l'explosion de leur endettement et des prix d'actifs. Enfin, et surtout, tout le monde s'est trompé sur la réalité de la concordance entre monnaie unique et convergence des économies. On sait maintenant qu'au contraire l'unification monétaire fut et demeure un puissant agent de divergence via le phénomène de la spécialisation productive.

Or, il semble que les dirigeants européens divergent encore sur les enseignements à tirer d'un tel constat. Certains continuent de penser que la désindustrialisation des pays du sud de la zone euro est un phénomène anormal dû essentiellement à la mise en place de mauvaises politiques économiques et que la priorité pour sortir de la crise est donc que celles-ci soient sévèrement amendées. Avec les conséquences politiques et sociales que l'on imagine. D'autres admettent que la désindustrialisation constitue un phénomène normal dans une union monétaire où les régions se spécialisent naturellement dans des productions différentes. Cette seconde approche ne veut pas dire qu'il ne faille pas chercher à corriger la « mauvaise » hétérogénéité, autrement dit les évolutions spécifiques dues à des erreurs de politique économique (endettement privé excessif et, de manière liée, bulles immobilières ; hausse anormale du coût du travail ; insuffisance manifeste d'effort d'innovation ; déficits publics structurels). Mais elle signifie surtout qu'il faut adapter les institutions de la zone euro pour que des économies industrielles et des économies de services puissent cohabiter, première condition du réamorçage d'un cycle de croissance durable en zone euro. Soutenir cette thèse, c'est poser clairement la question du fédéralisme, autrement dit d'une évolution fondamentale des institutions de la zone euro. Et, comme on le sait, il s'agit là d'une option qui non seulement est en rupture avec les principes fondateurs, mais n'est pas souhaitée aujourd'hui, c'est le moins que l'on puisse dire, par de nombreux pays (et opinions publiques), à commencer par l'Allemagne. Or, il n'est pas certain – contrairement à une conviction assez répandue – que Berlin finisse par accepter l'introduction d'une dose de fédéralisme dans la zone euro.

Certes, depuis la création de la monnaie unique, la prospérité allemande doit beaucoup à l'Europe : au jeu de la spécialisation productive, elle a concentré l'industrie, conquis des parts de marché dans les autres pays européens et profité de la stabilité du change. Mais un examen attentif montre que la situation évolue doucement mais sûrement. L'économie allemande renforce en effet chaque jour ses liens avec les pays émergents et exportateurs de pétrole, ce qui contribue à lui apporter un surcroît de croissance par rapport à ses partenaires. Et, dès lors, pourquoi partager celui-ci s'il ne vient plus du reste de l'Europe ? La réponse à cette question pèsera lourd sur l'avenir des économies de la région. Car, si la zone euro allait de crise financière en crise financière, le redressement (et notamment la réindustrialisation) des économies du Sud serait compromis.

L'enjeu est essentiel pour les peuples européens. S'il est impossible d'organiser la solidarité et si, comme c'est la tendance, les autorités européennes continuent à mener la même politique, c'est-à-dire à prêter pour différer les échéances mais aussi à imposer des politiques économiques draconiennes à des pays affaiblis, il est à craindre que la crise de la zone euro ne s'amplifie dans le moyen terme. Il est même impossible d'exclure une nouvelle catastrophe, dont la violence pourrait être à la mesure des déséquilibres économiques et sociaux créés par les politiques mises en œuvre. Ce qui s'est passé hier en Tunisie, en Égypte, en Libye, et ce qui s'annonce au Yémen, en Syrie, en Inde pourrait très bien faire irruption demain dans le paysage politique et social européen, en Grèce, au Portugal ou ailleurs. Si un scénario non coopératif venait à se confirmer, on assisterait probablement à une divergence de plus en plus marquée entre les économies des pays de la zone euro. Dans cette hypothèse, la France risquerait de décrocher définitivement. Entérinant ainsi le scénario décliniste que certains redoutent à l'horizon 2030 : plutôt Costa Brava ou Floride que Bade-Wurtemberg.

Chapitre 6

La France, future Floride de l'Europe ?

Et si Michel Houellebecq avait raison ? Imaginons un instant notre beau pays à l'horizon 2020. La France, alors, a beaucoup changé. Devenue un pays surtout agricole et touristique, peuplée de néoruraux écolos et pacifistes, elle a définitivement renoncé à toute velléité de conquête industrielle et même à préserver les fameuses niches qui faisaient encore sa fierté au tournant du siècle. Finalement, cette acceptation mélancolique de la marche du monde lui va bien au teint. Sur le plan économique, la France ne se porte pas si mal. Elle a plutôt bien résisté aux différentes crises qui ont régulièrement secoué la planète au cours des vingt dernières années. N'attire-t-elle pas, quoi qu'il arrive, dans ses belles campagnes de la Creuse et du Limousin, des hordes de touristes chinois, russes et autres Indiens aux poches profondes, prêts à dépenser sans compter leurs devises dans la rénovation de maisons que les locaux n'ont plus les moyens d'entretenir et dans la consommation des produits du terroir et autres spécialités locales ? Quant aux grands capitaines d'industrie français, ils ne sont plus désormais que des sujets de tableaux, à l'instar de ceux immortalisés par Jed Martin, le héros houellebecquien de l'an 2010, tel le fameux *Bill Gates et Steve Jobs s'entretenant du futur de l'informatique*, accrochés aux cimaises des musées où l'on peut admirer encore, lors d'une sorte de pèlerinage annuel, nos anciens savoir-faire industriels.

Ce destin collectif aurait sûrement désespéré Georges Pompidou, ce président dont on vient de fêter le centenaire de la naissance, et qui n'eut de cesse de voir la France reconnue pour sa capacité à apprivoiser la modernité et à entrer dans l'avenir. Ne lui doit-on pas d'avoir convaincu ses partenaires européens de créer une Agence spatiale européenne et le programme de lanceur spatial Ariane ? Comme on lui doit aussi les premiers vols de *Concorde* puis de l'Airbus A-300 et la décision de lancer la première ligne Paris-Lyon du TGV. Quarante ans plus tard, la France est-elle vouée à voir ainsi ses anciennes usines « transformées en lieux d'expositions, de spectacles, de concerts » tandis que les Français devraient se résigner à « une méditation nostalgique sur la fin de l'âge industriel en Europe » ?

C'est un fait. Depuis la fin des Trente Glorieuses, l'économie française semble être saisie par une sorte de maladie de langueur. Au cours de la décennie 1960, le rythme de croissance approchait les 6 % l'an. Il est tombé autour de 2,5 % dans les années 1980, puis à 2 % dans les années 1990 et à peine 1,2 % dans la décennie 2000. Un glissement progressif qui s'explique surtout par l'affaissement des gains de productivité avec, en toile de fond, une désindustrialisation rampante vécue souvent comme une sorte de fatalité postmoderne. L'avenir de la France revisité par le Goncourt 2010 fait finalement écho à une petite musique fredonnée sur tous les tons depuis de longues années déjà par les zélateurs de la société postindustrielle, les apôtres de l'économie de l'immatériel ou les prosélytes de la « France sans usines ». Et si notre économie se débarrassait enfin, et pour son plus grand bonheur, de cette industrie salissante, bruyante, polluante voire dangereuse au profit d'activités et de métiers plus « propres » et plus prestigieux ? Tout irait pour le mieux dans le meilleur des mondes possibles s'il était imaginable qu'hôtels de charme, parfums et rillettes puissent nourrir durablement une prospérité individuelle et collective. Malheureusement, le scénario de la désindustrialisation de la France est moins « *glamour* » et ses conséquences prévisibles plus préoccupantes. On peut déjà les imaginer si l'on y regarde de plus près...

Croissance faible, niveau de vie menacé

On l'a dit, dans une union monétaire sans transferts associés, comme c'est aujourd'hui le cas en zone euro, un pays ne peut tolérer un déficit permanent de sa balance courante, sauf à s'endetter sans fin et à devenir insolvable. Une France sans industrie devra donc s'atteler à la réduction de son déficit courant (54 milliards d'euros pour 2011), ce qui implique une très forte contraction de la demande intérieure. Cela suppose une politique budgétaire pour le moins restrictive ou la baisse des salaires, et plus sûrement les deux. On en voit les premières traces en 2010 avec en France un ralentissement de la hausse du salaire réel par tête à 0,5 %, une tendance « à l'espagnole ». De l'autre côté des Pyrénées, les salaires ont carrément décroché, passant d'une augmentation de 3,5 % l'an fin 2008 à une baisse de 4 % fin 2010. Quant à la politique budgétaire restrictive, la loi de finances pour 2012 en offre déjà un avant-goût avant que, l'échéance présidentielle franchie, on passe aux choses sérieuses...

Toutefois, l'exercice s'annonce d'autant plus délicat qu'il est placé sous la haute contrainte de faibles gains de productivité, donc d'une croissance potentielle et d'un niveau de vie modestes. Telle est la rançon de la désindustrialisation puisque la productivité progresse moins vite dans les services que dans l'industrie. En France, la courbe de la productivité par tête dans l'industrie se situe en moyenne autour de 3 % l'an sur la décennie mais est à peine positive dans les services. Son succès dépendra de la qualité des politiques économiques mises en œuvre afin de réaliser les ajustements budgétaires nécessaires en sortie de crise tout en soutenant les efforts d'investissement indispensables à une inversion de tendance sur le terrain de l'innovation, des gains de productivité et de la réorientation de l'appareil productif. Et si on ne se donne pas rapidement les moyens d'infléchir le cours des choses, le scénario qui se profile à l'horizon se teintera plutôt de noir que de rose. Dans un récent travail prospectif, le Conseil d'analyse stratégique et la direction du Trésor ont élaboré cinq scénarios de croissance à l'horizon 2030[1]. Ces travaux montrent que la trajectoire à long terme de l'économie française dépendra bien sûr de l'évolution de son environnement extérieur mais aussi largement de la qualité de la politique économique mise en œuvre dans une course de vitesse périlleuse entre réduction des déficits et croissance. Si rien ne vient rapidement doper le niveau de croissance potentielle, les auteurs dessinent un « scénario noir » avec, à l'horizon 2030, le compteur de la croissance de long terme bloqué sur 1,2 % l'an et une économie qui se laisserait bientôt glisser

1. *France 2030 : cinq scénarios de croissance*, Conseil d'analyse stratégique et direction du Trésor, Rapports et Documents n° 35, 2011.

du 19e au 31e rang mondial en termes de PIB/habitant. Engrenage infernal.

Fuite des cerveaux et expatriation des jeunes diplômés

Désindustrialisation et croissance faible ne constituent pas en effet le cocktail rêvé pour faire reculer le chômage structurel qui, dans l'hypothèse du « scénario noir », reste sur une tendance de 8,5 % à l'horizon 2030[1]. Il ne risque pas non plus d'offrir aux Français, et en particulier aux nouvelles générations, des emplois de qualité susceptibles de leur permettre de progresser professionnellement et de garantir leur niveau de vie. Sur ce terrain aussi, la pente est déjà forte. Parmi le *top ten* des familles professionnelles qui ont créé le plus d'emplois entre 2003 et 2009, le Conseil d'analyse stratégique recense les aides à domicile et aides ménagères, les vendeurs, les infirmiers et sages-femmes, et les aides-soignants[2]. Une tertiarisation de l'emploi qui s'accompagne d'une polarisation des qualifications avec d'un côté pour une minorité de salariés une « sortie par le haut » et pour le plus grand nombre le développement d'emplois peu qualifiés. Souvent des

1. *Le Travail et l'emploi dans vingt ans*, Conseil d'analyse stratégique, juillet 2011.
2. *Ibid.*

emplois féminins peu qualifiés, peu rémunérés et précaires (à temps partiel). En 2010, les services à la personne représentaient environ 2 millions d'emplois, en forte augmentation au cours des dernières années. Parmi les quelque cinq cent mille aides à domicile ou aides ménagères, on compte 98 % de femmes, 67 % déclarant être à temps partiel parmi lesquelles 53 % travaillent au maximum à mi-temps et 38 % sont en situation de sous-emploi. Avec un salaire médian de 1 190 euros pour celles qui déclarent travailler à temps complet et de 800 euros si l'on intègre les personnes à temps partiel[1].

Même si le diplôme demeure la meilleure garantie pour échapper au déclassement et à la précarité, les jeunes diplômés ne sont plus épargnés pour autant par les difficultés et leurs conditions d'emploi se dégradent. Une enquête de l'Apec sur les jeunes diplômés de 2009 (situation professionnelle en 2010) montre que pour eux la part des contrats à durée indéterminée (47 %) est en baisse de 7 points par rapport à la promotion 2008 et de 14 points par rapport à celle de 2007 tandis qu'un jeune sur trois estime désormais que l'emploi qu'il a trouvé est déqualifié par rapport à son profil. Un pays qui se désindustrialise (au sens large que nous utilisons pour l'industrie) et se spécialise dans les services domestiques offre moins de pers-

1. Dares Actualités, octobre 2010 à partir des Enquêtes Emploi 2007 à 2009 de l'Insee.

pectives en termes de carrière et de rémunération aux jeunes diplômés, ce qui peut les inciter à s'expatrier pour aller chercher à l'étranger des emplois mieux en adéquation avec leur qualification et leurs espérances. Effet Erasmus aidant, les jeunes Français sont ainsi de plus en plus nombreux à souhaiter (re)partir. En moins de dix ans, le pourcentage de jeunes diplômés qui démarrent leur carrière dans un pays étranger a fortement augmenté, notamment ceux des grandes écoles (près d'un quart de la promotion). Le mouvement s'accélère aussi pour les universitaires, doctorants et postdoctorants. Une matière grise qui sera tentée demain de s'installer définitivement dans le pays d'accueil. Une « saignée » annoncée pour le pays d'origine, notamment dans le domaine des sciences de la vie et des sciences exactes dont les découvertes sont riches de retombées économiques.

On observe ainsi un phénomène d'accélération de l'émigration scientifique française vers les États-Unis, comme le souligne une récente étude de l'Institut Montaigne[1] : « L'étude des cohortes successives des Français qui émigrent vers les États-Unis depuis les années 1970 montre que les chercheurs occupent une part grandissante parmi eux. S'ils représentaient environ 8 % de la cohorte des expatriés entre 1971 et

1. *Gone for Good ? Partis pour de bon ? Les expatriés de l'enseignement supérieur français aux États-Unis*, Ioanna Kohler, Institut Montaigne, novembre 2010.

1980, cette proportion augmente considérablement à partir des années 1990, de façon beaucoup plus accentuée que chez nos voisins européens, pour atteindre 27 % de la cohorte des expatriés français entre 1996 et 2006. » Et l'auteur d'ajouter que, « quelle que soit la discipline, l'écrasante majorité des professeurs et chercheurs français ou formés en France et exerçant aux États-Unis est issue d'établissements d'élite ». Ce sont la plupart du temps les meilleurs, les plus prolifiques et les mieux intégrés qui s'en vont. Ioanna Kohler y voit la conjonction de plusieurs facteurs : le lien clairement fait aux États-Unis entre la science et la puissance économique et géostratégique nationale, la valorisation du rôle du chercheur et des conditions de travail (rémunérations, cadre de travail, critères de recrutement) optimales. Pour ne parler que « gros sous », un jeune professeur (assistant ou *associate professor* ou maître de conférences) reçoit en moyenne un salaire compris entre 65 et 80 000 dollars annuels aux États-Unis contre une trentaine de milliers d'euros en France… Pour un professeur expérimenté, l'écart se creuse encore davantage. Dans l'enseignement supérieur français, la rémunération d'un professeur des universités de classe exceptionnelle pourra atteindre au maximum 73 000 euros en France quand, aux États-Unis, celle d'un professeur *senior* atteindra en moyenne 112 000 dollars dans le secteur public et environ 140 000 dans le secteur privé. Voire plus dans les sciences exactes et l'économie. Le salaire moyen annuel d'un enseignant-chercheur est de 191 000 dollars pour un professeur à Harvard, 189 000 à Columbia, 181 000 à Stanford ou 161 000 dollars au MIT[1]. Si l'on ajoute la qualité des conditions d'accueil et de travail (y compris pour le conjoint et la famille), on comprend que les chercheurs et autres jeunes diplômés soient de plus en plus tentés d'aller voir ailleurs.

Une hémorragie annoncée de matière grise et de jeunes diplômés n'est jamais une bonne nouvelle pour les grandes entreprises internationales, même si celles-ci sont profondément enracinées en France. On observe aujourd'hui que la prospérité des grandes multinationales françaises ne pâtit pas (encore) de la désindustrialisation du pays. Pour preuve, le niveau des profits (83 milliards d'euros en 2010) et du taux d'autofinancement des firmes du Cac 40 (120 %) qui tranche avec la situation de l'ensemble des entreprises nationales. Mais si la France continue à s'étioler sur le plan industriel et à voir partir sa matière grise, ses jeunes les plus qualifiés, il est probable que rapidement les grandes entreprises tricolores seront incitées à aller installer leurs sièges sociaux dans des pays plus dynamiques. D'autant plus si l'environnement local se dégrade pour cause d'économies budgétaires drastiques. La qualité des infrastructures publiques a tou-

1. Les données portent sur le personnel enseignant à plein-temps, à l'exception de celui des écoles de médecine (source : *The Chronicle of Higher Education*, 2010).

jours été un des atouts majeurs de la France dans la compétition internationale. Associée à une situation géographique centrale au cœur du continent européen, le classement référence établi par le World Economic Forum en fait même chaque année le premier atout français dans la bataille mondiale de la compétitivité. Une dégradation des infrastructures publiques serait forcément un coup dur porté à l'attractivité de la France en ce qui concerne tant la présence des multinationales tricolores que l'afflux des investissements étrangers.

En revanche, autre dégât collatéral annoncé de la désindustrialisation, l'appauvrissement relatif des Français incitera progressivement les étrangers à « investir » le patrimoine immobilier national, un phénomène que l'on observe déjà depuis quelques années. C'est vrai notamment de ce que l'on appelle l'immobilier de prestige. C'est-à-dire des biens dont les prix atteignent le plus souvent plusieurs millions (voire dizaines de millions) d'euros. À commencer par les quelque quarante mille châteaux, autant de petits bouts d'histoire de France dont un petit millier cherche preneur chaque année. La clientèle des pays du Golfe, des Russes et désormais celle des Chinois, Indiens et Brésiliens sont de plus en plus présentes. Autour de Notre-Dame, un acheteur sur trois est déjà étranger. Un sur quatre sur les Champs-Élysées. La multiplication de ces achats de pied-à-terre contribuera bien sûr à faire grimper les prix (le marché de l'immobilier parisien de prestige a vu ses prix s'envoler de 20 % en 2010), mettant ces biens encore plus hors de portée des résidents locaux, avec l'impact que l'on imagine sur la mixité sociale et la vie des quartiers dans les grandes villes. Jusqu'à Chatelus-le-Marcheix, le village de notre artiste peintre, en plein Limousin profond, désormais investi par une colonie de Chinois « respectueux » et de Russes « munificents »...

En Floride, les « snowbirds » ont remplacé les navettes spatiales

Et si ce scénario cauchemardesque était au coin de la rue ? En fait, l'« art de vivre » houellebecquien existe déjà à quelques nuances près en... Floride, par exemple. Il suffit de remplacer les rillettes et les parfums par la pêche au gros et les parcs d'attraction. La Floride, 4e État le plus peuplé du pays (19 millions d'habitants), avec ses plages de sable blanc et ses décors de carte postale, est un État où l'industrie ne représente déjà plus que 8 % du PIB et où les services à la personne se développent au rythme de l'afflux des « *snowbirds* », ces retraités du Nord qui viennent y chercher soleil et douceur de vivre au moins six mois par an. Les dernières industries s'en vont les unes après les autres au gré des décisions locales ou gouvernementales. Ainsi, l'arrêt des navettes spatiales est très fortement ressenti sur la « côte spatiale » (la côte est de la Floride) où quelque sept mille personnes viennent de perdre leur emploi, ayant vu leurs espoirs de reclassement envolés avec l'abandon du programme lunaire Constellation. Sans compter les deux jobs menacés pour chaque emploi perdu dans l'aérospatiale. Aujourd'hui, alors que la région ne s'est pas encore remise de la crise immobilière, les ex-collaborateurs de la Nasa ont le plus grand mal à vendre leur maison pour partir tenter leur chance ailleurs. La fin du programme spatial entame l'identité d'une région qui, choisie à la fin des années 1950 pour accueillir le centre de lancement, a attiré des ingénieurs, des directeurs de projet et des techniciens pendant de nombreuses décennies au point que l'aérospatiale était devenue la première industrie de l'État. Depuis le nom des écoles jusqu'au lit en forme de navette du *Best Western Shuttle Inn* de Titusville, les références à l'espace sont encore partout ! Pour les commerces et l'hôtellerie, l'arrêt du programme commence déjà à se faire sentir. De quoi faire grimper encore un peu plus le taux de chômage en Floride qui se situe déjà à un niveau « français » (10 % environ) et même au-delà en Floride du Sud et à Miami.

Et ce n'est pas le projet de train à grande vitesse entre Orlando et Stampa qui devrait pouvoir ouvrir de nouvelles perspectives. En février 2011, le nouveau gouverneur de Floride, Rick Scott, a en effet décidé de le stopper au prétexte d'une facture trop lourde pour ses administrés. Renonçant ainsi à un projet industriel de haute technologie et à quelque vingt-quatre mille emplois. Les défenseurs du projet y voient le signe d'un renoncement à parier sur des investissements porteurs à la fois de création de richesse et de qualité de vie dans un État dont l'activité économique est trop souvent asphyxiée par une prolifération urbaine incontrôlée associée à des embouteillages monstres assortis d'émissions astronomiques de CO_2. Un handicap pour attirer les *baby-boomers* retraités et plus encore les nouveaux *businessmen* qui n'ont pas envie de voir leurs collaborateurs bloqués dans les transports. La crise a déjà donné un coup d'arrêt à l'arrivée de nouveaux résidents. Pour la première fois depuis un siècle, la Floride commence à connaître au contraire des départs tandis que le PIB par tête s'est mis à glisser, sensiblement au-dessous du PIB par tête moyen des États-Unis. Est-ce le destin que nous voulons pour nos enfants ? Un pays où les riches retraités des nations voisines accourraient pour faire des virées à bicyclette en Dordogne ou dans le Limousin tandis que les « locaux » seraient cantonnés aux emplois de serveurs de bistrots, femmes de chambre, aides ménagères, loueurs de vélos ou nettoyeurs de piscines ?

Il n'y a pas de fatalité. L'industrie française a de nombreux atouts à faire valoir dans la compétition mondiale. Dès lors qu'il y a une volonté, il peut donc y avoir un chemin. Il est temps de refuser la fatalité du déclin industriel durable par rapport aux économies émergentes mais aussi à nos partenaires européens. Il est temps de parier sur la croissance. Mais le pari suppose plusieurs conditions. La crise que nous avons traversée en 2011 est venue nous le rappeler opportunément : le redressement de l'économie française ne dépend pas que de nous. La crise de la zone euro nous a beaucoup appris sur le fonctionnement des unions monétaires, en particulier sur le fait que, loin d'organiser la convergence (le pari des pères fondateurs), elle entraîne au contraire une divergence structurelle des économies réelles de la zone, avec tous les effets dévastateurs que l'on observe depuis quelques mois. Dès lors, le *statu quo* n'est plus une option crédible. La monnaie unique ne peut survivre sans un véritable fédéralisme économique qui suppose à la fois une solidarité financière, une responsabilité budgétaire collective, une harmonisation fiscale et une coordination étroite des instruments de politique économique compatibles avec le retour de la croissance dans la région et la réindustrialisation du continent. Faute de quoi l'éclatement de la zone euro paraît à terme inéluctable et avec lui la fin de la construction européenne. Pour autant, et à la veille d'une échéance électorale majeure, le redressement économique de la France constitue une priorité nationale. Quelles pourraient être, sur ce terrain, les grands axes de la politique du prochain locataire de l'Élysée ?

D'abord, réviser fondamentalement notre approche en la matière. Il y a en effet deux options, deux stratégies de montée en gamme : celle qui consiste à prendre appui sur les grands groupes et celle qui privilégie l'émergence de PME innovantes en croissance rapide. De tous temps, la France a parié sur la première en cultivant la religion du grand projet soutenu par l'État adossé à un grand groupe – chacun se souvient du Minitel, du Plan calcul, de *Concorde*, du TGV, d'Airbus… – à la différence de l'Allemagne qui a fondé sa puissance industrielle sur sa capacité à développer et à faire vivre un tissu de PME innovantes capables de s'épanouir sans finir par être absorbées par un grand groupe. La stratégie du grand groupe n'a pas montré sa supériorité, c'est le moins que l'on puisse dire, surtout dans un pays comme la France où on sait que leur développement se fait avant tout par croissance externe et que, finalement, ils stérilisent l'innovation puisque neuf brevets sur dix déposés par un grand groupe français ne sont jamais utilisés. Il est donc urgent de troquer la culture stérile de la niche technologique pour celle plus féconde du soutien aux PME innovantes. De ce point de vue, il faut souligner que le FSI et le Commissariat général à l'investissement sont deux créations récentes qui montrent que l'on commence à évoluer dans le bon sens. Ensuite, et ceci va avec cela, il s'agit de revisiter en profondeur un dispositif fiscal et réglementaire insuffisamment *business friendly,* et ce sera là un des enjeux essentiels de toute réforme fiscale de l'après-2012. Enfin, il faut dire un mot du financement des entreprises, qui, dans l'état actuel de l'art, ne leur permet pas de faire face dans de bonnes conditions à leurs besoins d'investissement. En renchérissant le coût des ressources des banques de la zone euro, les nouvelles règles prudentielles bientôt en vigueur pour les institutions financières (Bâle III, Solvency II) ne devraient pas faciliter ce financement en incitant les banques à augmenter leurs marges sur les crédits.

Pour fixer les idées, résumons ici nos priorités en quelques points.

D'abord, réussir à sortir de la crise européenne par le haut en convainquant nos partenaires d'avancer dans la voie de la solidarité financière, de la responsabilité budgétaire collective, de l'harmonisation fiscale et de la coordination des politiques économiques compatibles avec le retour de la croissance dans la région et la réindustrialisation du continent.

Ensuite, se donner les moyens de développer et de faire vivre un tissu de PME innovantes capables de porter la croissance de l'économie. De ce point de vue, la première action du prochain président de la République pourrait être d'adopter enfin l'équivalent du Small Business Act américain, une décision qui peut être mise en œuvre très rapidement. Un tel dispositif dirigerait, comme aux États-Unis, une part des contrats publics vers les PME. Il s'agirait en outre d'un signal fort susceptible aussi de favoriser l'installation d'une culture pro-business qui fait cruellement défaut en France. Pour aider les patrons à faire grandir leur entreprise, pourquoi ne pas créer vraiment une administration dédiée, dirigée par des personnes issues du monde de l'entreprise ? Ajoutons qu'il nous paraît également essentiel de tout faire pour apaiser des relations de sous-traitance trop souvent conflictuelles entre les

PME et les grands groupes et pour en faire un véritable outil de développement industriel.

Il s'agit aussi de mettre l'argent public au service de la croissance en posant des choix simples, clairs et en nombre limité. À commencer par l'éducation et la recherche où en dépit de quelques initiatives fécondes (Oséo, FSI, Commissariat général à l'investissement, réforme de l'université, etc.), l'effort demeure insuffisant et, comme souvent en France, trop éparpillé pour être réellement efficace (trop de pôles de compétitivité, par exemple, tue les pôles de compétitivité !). En ces temps de disette budgétaire durable, mettre l'argent public au service de la croissance exige en outre une modification en profondeur de la structure des dépenses publiques assortie de réductions drastiques là où elles sont nécessaires sans pour autant dégrader la qualité du service rendu. Et c'est possible. Les exemples canadien ou suédois l'ont montré.

Pour finir, il faut réaliser pour de bon « la » réforme fiscale qui apportera enfin une solution à la question essentielle du coût du travail en même temps qu'à celle du financement de la protection sociale.

En résumé, la réindustrialisation de l'économie française passe par un processus lent fondé sur un effort important de remontée en gamme de l'économie, avec en particulier le développement de secteurs à valeur ajoutée et en croissance forte, créateurs de richesse et d'emplois qualifiés. Il s'agit, n'en doutons pas, d'une véritable révolution culturelle qui suppose d'avoir le courage de sortir d'une politique économique centrée depuis des décennies sur la défense du consommateur pour mettre en œuvre une politique de soutien résolu au producteur. Une révolution qui touche absolument à tous les compartiments de la vie économique, sociale et sociétale. Que vaut, par exemple, l'action d'une autorité de la concurrence qui veut contraindre un opérateur téléphonique à vendre ses services à prix coûtant si – ce faisant –, il le prive des moyens d'investir pour assurer la qualité de son offre à venir et *in fine* son propre avenir ? Nos futurs dirigeants doivent avoir le courage d'expliquer aux Français ce que l'exigence d'une croissance forte et durable signifie concrètement comme perspectives collectives, mais aussi comme efforts ici et maintenant pour chacun d'entre eux. De même faudra-t-il leur proposer une vision de l'avenir et un projet susceptible de restaurer la confiance collective, parce que les bienfaits espérés pour nos enfants seront à la hauteur des enjeux et les efforts attendus équitablement répartis.

Table des matières

Chapitre 3
Nous sommes tous des « indignés » de la désindustrialisation !

Chapitre 4
Démondialisation heureuse, la nouvelle illusion

Chapitre 5
« L'idée d'une France sans usines et sans ouvriers est une idée folle »

Chapitre 6
La France, future Floride
de l'Europe ?

Déjà parus dans la collection
dirigée par Olivier Pastré

La Société translucide, Augustin Landier et David Thesmar

Le Choc des populations. Guerre ou paix, sous la direction de Pierre Dockès et Jean-Hervé Lorenzi

La Guerre des empires, Chine contre États-Unis, François Lenglet

On nous ment. Vérités et légendes sur la crise, Olivier Pastré et Jean-Marc Sylvestre

Cet ouvrage a été imprimé
par CPI Firmin-Didot
Mesnil-sur-l'Estrée
pour le compte des Editions Fayard
en octobre 2011

Photocomposition Nord Compo
Villeneuve-d'Ascq

Dépôt légal : octobre 2011
N° d'édition : 36-57-3033-2/01 - N° d'impression : 107881
Imprimé en France

Pour l'éditeur, le principe est d'utiliser des papiers composés de fibres naturelles, renouvelables, recyclables et fabriquées à partir de bois issu de forêts qui adoptent un système d'aménagement durable.
En outre, l'éditeur attend de ses fournisseurs de papier qu'ils s'inscrivent dans une démarche de certification environnementale reconnue.